O CREPÚSCULO DA DEMOCRACIA

COMO O AUTORITARISMO SEDUZ
E AS AMIZADES SÃO DESFEITAS
EM NOME DA POLÍTICA

O CREPÚSCULO DA DEMOCRACIA

COMO O AUTORITARISMO SEDUZ
E AS AMIZADES SÃO DESFEITAS
EM NOME DA POLÍTICA

ANNE APPLEBAUM

Tradução de
Alessandra Bonrruquer

2ª edição

EDITORA RECORD
RIO DE JANEIRO • SÃO PAULO
2023

CIP-BRASIL. CATALOGAÇÃO NA PUBLICAÇÃO
SINDICATO NACIONAL DOS EDITORES DE LIVROS, RJ

Applebaum, Anne

A658c   O crepúsculo da democracia: como o autoritarismo seduz e as amizades
são desfeitas em nome da política / Anne Applebaum;
[tradução Alessandra Bonrruquer]. – 2ª ed. – Rio de Janeiro: Record, 2023.

Tradução de: Twilight of democracy
Inclui bibliografia
ISBN 978-65-5587-145-6

1. Ciência política. 2. Autoritarismo. 3. Democracia. 4. Partido nacionalista
I. Bonrruquer, Alessandra. II. Título.

CDD: 321.9
20-67022   CDU: 321.6

Leandra Félix da Cruz Candido – Bibliotecária – CRB-7/6135

Copyright © Anne Applebaum, 2020

Título original em inglês: Twilight of democracy: The seductive lure of authoritarianism

Todos os direitos reservados. Proibida a reprodução, armazenamento ou transmissão de
partes deste livro, através de quaisquer meios, sem prévia autorização por escrito.

Texto revisado segundo o novo Acordo Ortográfico da Língua Portuguesa.

Direitos exclusivos de publicação em língua portuguesa para o Brasil
adquiridos pela
EDITORA RECORD LTDA.
Rua Argentina, 171 – 20921-380 – Rio de Janeiro, RJ – Tel.: (21) 2585-2000,
que se reserva a propriedade literária desta tradução.

Impresso no Brasil

ISBN 978-65-5587-145-6

Seja um leitor preferencial Record.
Cadastre-se em www.record.com.br
e receba informações sobre nossos
lançamentos e nossas promoções.

Atendimento e venda direta ao leitor:
sac@record.com.br.

A nossa é, de fato, a era da organização intelectual dos ódios políticos. Essa será uma de suas principais reivindicações na história moral da humanidade.

— Julien Benda, *A traição dos intelectuais*, 1927

Precisamos aceitar o fato de que esse tipo de rebelião contra a modernidade está latente na sociedade ocidental [...] seu programa confuso e fantástico e sua retórica irracional e apolítica personificam aspirações tão genuínas [...] quanto as de movimentos de reforma mais familiares.

— Fritz Stern, *The Politics of Cultural Despair*, 1961

Sumário

I. Véspera de Ano-Novo..9

II. Como os demagogos vencem.................................25

III. O futuro da nostalgia 51

IV. Cascatas de falsidades...89

V. *Prairie fire* 117

VI. O sem-fim da história..139

Agradecimentos...153

Notas 155

I

Véspera de Ano-Novo

Em 31 de dezembro de 1999, demos uma festa. Estávamos no fim de um milênio e início de um novo, e as pessoas queriam celebrar, preferencialmente em algum lugar exótico. Nossa festa atendia a esse critério. Ela foi realizada em Chobielin, um pequeno solar no noroeste da Polônia que meu marido e seus pais haviam comprado uma década antes — a preço de custo —, uma ruína mofada e inabitável que não passara por nenhuma reforma desde que seus ocupantes anteriores haviam fugido do Exército Vermelho em 1945. Nós restauramos a maior parte, embora muito devagar. A restauração não estava exatamente terminada em 1999, mas o solar tinha um novo telhado e um grande salão, recém-pintado e sem nenhuma mobília, perfeito para uma festa.

Os convidados eram variados: amigos jornalistas de Londres e Moscou, alguns diplomatas em início de carreira baseados em Varsóvia, dois amigos de Nova York. Mas a maioria era composta de poloneses, amigos nossos e colegas de meu marido, Radek Sikorski, então vice-ministro do Exterior de um governo de centro-direita. Havia amigos locais, alguns colegas de escola de Radek e um grande grupo de primos. Alguns jovens jornalistas poloneses também compareceram — nenhum deles particularmente famoso —, juntamente com alguns servidores públicos e um ou dois membros juniores do governo.

Seria possível nos agrupar, de modo muito geral, na categoria que os poloneses chamam de direita: conservadores, anticomunistas. Mas, naquele momento da história, também seria possível chamar a maioria de nós de liberais. Liberais de livre mercado, liberais clássicos, talvez thatcheristas. Mesmo aqueles cuja posição econômica era menos definida acreditavam na democracia, no estado de direito, em freios e contrapesos e em uma Polônia que era membro da Otan e estava a caminho de se filiar à União Europeia (UE), uma Polônia integrada à Europa moderna. Na década de 1990, era isso que significava "fazer parte da direita".

A festa não foi lá grande coisa. Não havia serviço de bufê na Polônia rural dos anos 1990, de modo que eu e minha sogra preparamos grandes cubas de ensopado de carne com beterrabas assadas. Tampouco havia hotéis, e nossos quase cem convidados estavam hospedados em fazendas locais ou com amigos na cidadezinha mais próxima. Eu fizera uma lista com nome e local onde cada um estava hospedado, mas, mesmo assim, algumas pessoas terminaram dormindo no chão do porão. No fim da noite, soltamos fogos de artifício — do tipo barato, fabricado na China, que acabara de ficar disponível nas lojas e provavelmente era muito perigoso.

A música — em fitas cassete, gravadas em uma era anterior ao Spotify — criou a única divisão cultural séria da noite: as canções de que meus amigos americanos lembravam da época da faculdade não eram as mesmas que os poloneses lembravam, de modo que foi difícil fazer com que todo mundo dançasse ao mesmo tempo. Em certo momento, fui para o andar de cima, descobri que Boris Iéltsin havia renunciado, escrevi uma breve coluna para um jornal britânico e então desci novamente e bebi outra taça de vinho. Por volta das três da manhã, uma das convidadas polonesas mais excêntricas tirou uma pequena pistola da bolsa e atirou para cima, em pura exuberância.

Foi esse tipo de festa. Ela durou a noite toda, continuou em um brunch na tarde seguinte e estava saturada do otimismo que eu sentia na época. Havíamos reconstruído nossa casa arruinada. Nossos amigos estavam reconstruindo o país. Tenho a lembrança particularmente nítida de caminhar pela neve — um dia antes ou talvez um dia depois

VÉSPERA DE ANO-NOVO

da festa — com um grupo bilíngue, todo mundo falando ao mesmo tempo. Inglês e polonês se misturando e ecoando pela floresta de bétulas. Naquele momento, no qual a Polônia estava prestes a se unir ao Ocidente, parecíamos estar todos no mesmo time. Concordávamos sobre a democracia, sobre a estrada para a prosperidade e sobre a maneira como as coisas estavam acontecendo.

Esse momento passou. Quase duas décadas depois, eu atravessaria a rua para evitar algumas das pessoas que compareceram à minha festa de Ano-Novo. Elas, por sua vez, não somente se recusariam a entrar em minha casa, como ficariam constrangidas em admitir que já estiveram lá. De fato, metade das pessoas presentes à festa já não fala com a outra metade. O distanciamento é político, não pessoal. A Polônia é agora uma das sociedades mais polarizadas da Europa, e nos encontramos em lados opostos de uma profunda divisão que atravessa não somente o que costumava ser a direita polonesa, mas também a antiga direita húngara, a direita espanhola, francesa, italiana e, com algumas diferenças, também a britânica e americana.

Alguns de meus convidados de Ano-Novo — juntamente comigo e meu marido — continuam a apoiar a centro-direita pró-europeia, pró--estado de direito, pró-mercado. Permanecemos em partidos políticos que se alinham, com algumas diferenças, aos democratas cristãos europeus, aos partidos liberais na França e na Holanda e ao Partido Republicano de John McCain. Alguns de meus convidados se consideram de centro--esquerda. Mas outros terminaram em um lugar diferente. Eles agora apoiam um partido nativista chamado Lei e Justiça, um partido que se afastou drasticamente das posições que manteve ao controlar brevemente o governo, de 2005 a 2007, e ocupar a Presidência (o que, na Polônia, não é a mesma coisa) de 2005 a 2010.

Nos anos em que o Lei e Justiça esteve fora do poder, seus líderes e muitos de seus apoiadores e promotores lentamente adotaram um conjunto diferente de ideias, não somente xenofóbicas e paranoicas, mas abertamente autoritárias. Para ser justa com o eleitorado, nem todo mundo foi capaz de ver isso: o Lei e Justiça conduziu uma campanha muito moderada em 2015, contra um partido de centro-direita que ocupava o poder havia oito anos — meu marido era membro desse governo, embora tenha renunciado antes da eleição — e, em seu último ano, foi liderado por um primeiro-ministro fraco e inexpressivo. Compreensivelmente, os poloneses queriam mudanças.

Mas, no momento em que o Lei e Justiça venceu por ligeira maioria em 2015, seu radicalismo ficou óbvio. O novo governo violou a Constituição ao inadequadamente indicar novos juízes para o Tribunal Constitucional. Mais tarde, usou uma estratégia igualmente inconstitucional em uma tentativa de dominar a Suprema Corte e criar uma lei para punir juízes cujos vereditos contrariassem as políticas governamentais. O Lei e Justiça passou a controlar a emissora estatal de TV — também em violação à Constituição —, demitindo apresentadores populares e repórteres experientes. Seus substitutos, recrutados na mídia on-line de extrema direita, começaram a promover propaganda nitidamente pró-partido, salpicada de mentiras facilmente reveláveis, à custa dos contribuintes.

As instituições estatais foram outro alvo. Uma vez no poder, o Lei e Justiça demitiu milhares de servidores públicos, substituindo-os por membros do partido ou seus primos e outros familiares. O partido demitiu generais do Exército com anos de dispendioso treinamento em academias ocidentais. Demitiu diplomatas com experiência e habilidades linguísticas. Uma a uma, destruiu também as instituições culturais. O Museu Nacional perdeu seu excelente diretor em exercício, um curador internacionalmente respeitado. Ele foi substituído por um acadêmico desconhecido e inexperiente cuja primeira decisão importante foi desmantelar a exposição de arte moderna e contemporânea. Um ano depois, ele pediu demissão, deixando o museu em estado de caos. O diretor do Museu de História dos Judeus Poloneses — uma instituição única na Europa, inaugurada com grande exultação somente alguns anos antes — foi suspenso sem explicação, horrorizando os apoiadores e financiadores internacionais. Essas histórias foram ecoadas por milhares de outras que não chegaram às manchetes. Uma amiga nossa, por exemplo, perdeu o emprego em uma instituição estatal porque completava seus

VÉSPERA DE ANO-NOVO

projetos muito rapidamente. Seu novo e desqualificado diretor pareceu considerá-la uma ameaça.

Ninguém se preocupou muito em manter falsas aparências. O objetivo das mudanças não era fazer com que o governo funcionasse melhor. Era torná-lo mais partidário, com os tribunais mais influenciáveis e obedientes ao partido. Ou talvez devêssemos chamá-lo, como já fizemos antes, de Partido.

Ele não tinha mandato para isso: o Lei e Justiça foi eleito com uma margem de votos que lhe permitia governar, mas não modificar a Constituição. E assim, a fim de justificar a desobediência às leis, o partido deixou de usar argumentos políticos comuns e começou a identificar inimigos existenciais. Alguns eram antigos e familiares. Após duas décadas de profundas conversas e reconciliações judaico-polonesas — após milhares de livros, filmes e conferências e a construção daquele museu espetacular —, o governo obteve notoriedade internacional ao adotar uma lei restringindo o debate público sobre o Holocausto. Embora a lei tenha sido modificada sob pressão americana, ela gozou de amplo apoio entre a base ideológica do partido: os jornalistas, escritores e pensadores — incluindo alguns dos meus convidados — que agora dizem acreditar que forças antipolonesas conspiram para culpar a Polônia, e não a Alemanha, por Auschwitz. Mais tarde, o partido também se envolveu em uma fútil disputa com o governo israelense, um argumento que pareceu projetado para apelar tanto aos irritados eleitores nacionalistas do Lei e Justiça na Polônia quanto aos irritados eleitores nacionalistas de Benjamin Netanyahu em Israel.

Alguns dos inimigos eram novos. Após um breve período atacando os imigrantes islâmicos — o que foi difícil em um país com quase nenhum —, o partido focou sua ira nos homossexuais. Uma revista semanal, a *Gazeta Polska* — tendo entre seus mais proeminentes jornalistas dois convidados da minha festa de Ano-Novo —, imprimiu adesivos com os dizeres "Área Livre de LGBTs" para seus eleitores colarem em portas e janelas. Na véspera de outra eleição parlamentar em outubro de 2019, a TV estatal exibiu um documentário chamado *Invasão*,[1] descrevendo o plano secreto dos "LGBTs" para enfraquecer a Polônia. A Igreja católica polonesa, que já foi uma instituição neutra e um símbolo apolítico de unidade nacional, começou a promover temas similares. O arcebispo de Cracóvia, um título previamente pertencente ao papa João Paulo II, fez um sermão descrevendo os homossexuais como "praga" multicolorida que substituiu a "praga vermelha" do comunismo.[2] O sermão foi aplaudido pelo governo polonês e então removido do YouTube por moderadores on-line, por constituir discurso de ódio.

Essa sequência de eventos agora torna difícil, para mim e alguns dos meus convidados de Ano-Novo, ter sobre o que conversar. Não tive uma única conversa com Ania Bielecka, anteriormente uma de minhas melhores amigas — e madrinha de um de meus filhos —, desde um histérico telefonema em abril de 2010, alguns dias depois de o avião no qual viajava o então presidente ter caído perto de Smolensk, na Rússia, um acidente sobre o qual falarei em breve. Bielecka é uma arquiteta cujos amigos incluem, ou costumavam incluir, alguns dos mais conhecidos artistas de sua geração; ela também gosta, ou costumava gostar, de exposições de arte contemporânea, chegando a viajar algumas vezes para a Bienal de Veneza, puramente por prazer. Ela uma vez me disse que gostava de observar as pessoas na Bienal — todas aquelas mulheres do meio artístico em seus trajes elaborados — tanto quanto as exposições em si. Mas, em anos recentes, ela se aproximou de Jarosław Kaczyński, o líder do Lei e Justiça e irmão gêmeo do falecido presidente. Bielecka agora o recebe regularmente para almoços em seu apartamento — ela é uma excelente cozinheira — e discute quem ele deve nomear para seu gabinete. Disseram-me que o ministro da Cultura, autor do ataque aos museus poloneses, foi sugerido por ela. Tentei vê-la algumas vezes há alguns anos, mas ela recusou. "Sobre o que poderíamos conversar?", perguntou ela em uma mensagem de texto, e então parou de responder.

Outra de minhas convidadas — a que atirou para cima — se separou do marido britânico. Sua excentricidade se transformou, e ela agora parece ser troll de internet em tempo integral, uma fanática que promove uma variedade de teorias da conspiração, muitas das quais violentamente antissemitas. Ela escreve no Twitter sobre a responsabilidade judaica pelo Holocausto e certa vez postou a imagem de uma pintura medieval inglesa retratando um menino supostamente crucificado pelos judeus, com o comentário "E eles ficaram surpresos ao ser expulsos", referindo-se à expulsão dos judeus da Grã-Bretanha em 1290. Ela segue e amplifica os principais luminares da "direita alternativa" americana, cuja linguagem repete e promove.

Uma terceira convidada, a jornalista Anita Gargas, passou a última década investigando incessantemente um conjunto de teorias da conspiração envolvendo a morte do presidente Lech Kaczyński no acidente aéreo de Smolensk, a cada vez postulando uma explicação diferente.[3] Ela trabalha na *Gazeta Polska,* a revista semanal que distribuiu os adesivos contra os homossexuais. Um quarto convidado, Rafal Ziemkiewicz, ficou famoso como franco oponente da comunidade judaica internacional. Ele se refere aos judeus como "sarnentos" e "gananciosos",[4] chama as organizações judaicas de "chantagistas"[5] e lamenta seu apoio anterior a Israel.[6] A notoriedade que obteve com essa linguagem parece ter dado impulso a uma carreira até então vacilante, e ele agora aparece com frequência na TV estatal controlada pelo partido.

Alguns desses ex-amigos se afastaram dos próprios filhos em virtude de suas ideologias políticas. Em certos casos, o afastamento é profundo. Um deles, embora bastante comprometido com um partido político cuja agenda é abertamente homofóbica, tem um filho homossexual. Mas isso também é típico: essas divisões ocorrem tanto entre famílias quanto entre grupos de amigos. Temos um vizinho perto de Chobielin cujos pais ouvem uma estação de rádio católica, conspiracionista e pró-governo chamada Rádio Maryja. Eles repetem os mantras da rádio e adotam os inimigos apresentados por ela. "Eu perdi minha mãe", disse ele. "Ela vive em outro mundo."

Para ser bem franca sobre todo meu interesse nesse assunto, devo explicar por que parte desse pensamento conspiracionista está focado em mim. Meu marido foi ministro da Defesa por um ano e meio, em um governo de coalizão liderado pelo Lei e Justiça durante sua primeira

16   O CREPÚSCULO DA DEMOCRACIA

e breve experiência no poder. Mais tarde, rompeu com o partido e, durante sete anos, foi ministro do Exterior de outro governo de coalizão, dessa vez liderado pelo partido de centro-direita Plataforma Cívica. Em 2019, concorreu a uma vaga no Parlamento europeu e venceu, embora atualmente não faça parte da liderança da oposição política.

Vivo intermitentemente na Polônia desde 1988, com amplos períodos morando em Londres e Washington, escrevendo livros de história e trabalhando como jornalista para jornais britânicos e americanos. Pelos padrões poloneses, isso me torna uma esposa política exótica, embora, até 2015, a maioria das pessoas estivesse curiosa a meu respeito, em vez de irritada comigo. Jamais experimentei antissemitismo direto ou senti qualquer hostilidade; quando publiquei um livro de receitas polonesas — com o objetivo de, entre outras coisas, superar os estereótipos negativos sobre a Polônia no exterior —, a reação no país, mesmo entre os chefs, foi amplamente positiva, embora um tanto perplexa. Também me esforcei muito para ficar fora da política, evitando a TV polonesa a menos que fosse para falar sobre meus livros.

Mas, depois que o Lei e Justiça venceu, artigos negativos sobre o governo começaram a ser publicados no exterior, e eu fui culpada. Fui retratada na capa de duas revistas pró-regime, *wSieci*[7] e *Do Rzeczy*[8] (ex-amigos nossos trabalham em ambas), como coordenadora clandestina da imprensa internacional e diretora secreta da cobertura negativa sobre a Polônia; uma delas inventou detalhes sobre minha família a fim de fazê-la parecer sinistra. Matérias parecidas surgiram nos jornais noturnos da TV estatal, juntamente com outra, totalmente inventada, sobre como o Partido Lei e Justiça fizera com que eu fosse demitida de um emprego que eu nunca tivera.[9] Finalmente, pararam de escrever sobre mim: a cobertura negativa na imprensa internacional se tornou disseminada demais para ser coordenada por uma única pessoa, mesmo uma judia, embora, naturalmente, o tema ressurja nas mídias sociais de tempos em tempos. Durante a campanha de meu marido para as eleições europeias, alguns membros de sua equipe receberam mais perguntas sobre mim e minhas "atividades antipolonesas" do que sobre ele. Gostando ou não, eu faço parte dessa história.

Quando tudo começou, senti uma espécie de *déjà-vu*. Lembrei de ter lido o famoso diário mantido pelo escritor romeno Mihail Sebastian entre 1935 e 1944, no qual ele relatou uma mudança ainda mais extrema em seu próprio país. Como eu, Sebastian era judeu, embora não religioso; como no meu caso, a maioria de seus amigos estava na direita política. No diário, descreveu como, um por um, eles foram atraídos pela ideologia fascista, como um bando de mariposas para uma chama inescapável. Falou da arrogância e da autoconfiança que seus amigos adquiriram ao deixarem de se identificar como europeus — admiradores de Proust, visitantes de Paris — e começarem a se autodenominar romenos de sangue e solo. Observou enquanto eles guinavam para o pensamento conspiracionista e se tornavam casualmente cruéis.

Pessoas que ele conhecia há anos começaram a insultá-lo e, em seguida, agir como se nada tivesse acontecido. "Será que é possível manter a amizade", perguntou-se ele em 1937, "com pessoas que têm em comum uma série de ideias e sentimentos tão estranhos que, quando eu entro pela porta, elas subitamente se calam, envergonhadas e constrangidas?"[10] No romance autobiográfico que ele escreveu na mesma época, o narrador oferece amizade a um velho conhecido, do qual está afastado por discordâncias políticas. "Não, você está errado", é a resposta. "Nós não podemos ser amigos. Nem agora nem nunca. Você não sente o cheiro da terra em mim?"[11]

Não estamos em 1937. Mesmo assim, uma transformação paralela ocorre em meu próprio tempo, tanto entre pensadores, escritores, jornalistas e ativistas políticos na Polônia, um país no qual vivo há três décadas, quanto no restante das sociedades que passamos a chamar de Ocidente. Por toda parte, essa transformação ocorre sem a desculpa de uma crise econômica do tipo que a Europa e a América do Norte enfrentaram nas décadas de 1920 e 1930. A recessão de 2008-2009 foi profunda, mas — ao menos até a pandemia de coronavírus — o crescimento foi retomado. A crise de refugiados de 2015-2016 foi um choque, mas amainou. Em

2018, refugiados da África do Norte e do Oriente Médio praticamente pararam de chegar à Europa, graças aos acordos feitos com a Turquia pela UE e seus principais políticos.

De qualquer modo, as pessoas sobre as quais escrevo neste livro não foram afetadas por nenhuma dessas crises. Elas talvez não sejam tão bem-sucedidas quanto gostariam, mas não são pobres nem habitam áreas rurais. Não perderam seus empregos para trabalhadores imigrantes. Na Europa Oriental, não são vítimas de uma transição política desde 1989 ou da política em qualquer sentido. Na Europa Ocidental, não fazem parte de uma subclasse empobrecida e não vivem em vilarejos esquecidos. Nos Estados Unidos, não fazem parte de comunidades destruídas por opioides, não passam muito tempo em lanchonetes do meio-oeste e, na verdade, não correspondem a nenhum dos estereótipos preguiçosos usados para descrever os eleitores de Trump — alguns dos quais elas mesmas inventaram. Ao contrário, elas estudaram nas melhores universidades, frequentemente falam outras línguas, vivem em grandes cidades — Londres, Washington, Varsóvia, Madri — e viajam para o exterior, exatamente como os amigos de Sebastian na década de 1930.

O que, então, causou essa transformação? Será que alguns de nossos amigos sempre foram secretamente autoritários? Ou as pessoas com quem brindei nos primeiros minutos do novo milênio mudaram de alguma forma nas duas décadas subsequentes?

Não existe uma explicação simples, e não oferecerei nem uma teoria grandiosa, nem uma solução universal. Mas eis um tema: nas condições certas, qualquer sociedade pode se voltar contra a democracia. De fato, a se acreditar na história, todas as nossas sociedades farão isso algum dia.

Os antigos filósofos sempre tiveram dúvidas sobre a democracia. Platão temia as "palavras falsas e presunçosas"[12] dos demagogos e suspeitava que a democracia podia ser somente uma escala na estrada para a tirania. Os primeiros defensores americanos do governo republicano também reconheceram o desafio que um líder corrupto podia representar para a democracia e acharam difícil criar instituições capazes de resistir a ele.

VÉSPERA DE ANO-NOVO

A convenção constitucional de 1787 criou os colégios eleitorais como maneira de assegurar que um homem com o que Alexander Hamilton chamou de "talento para a intriga mesquinha e as baixas artes da popularidade"[13] jamais se tornasse presidente dos Estados Unidos. Embora tenha se tornado um corpo aprobatório sem poder real — e, mais recentemente, um mecanismo que concede influência desproporcional a pequenos grupos de eleitores em alguns estados —, o colégio eleitoral foi originalmente projetado como algo bastante diferente: uma espécie de conselho revisório, um grupo de legisladores e proprietários de elite que selecionaria o presidente, se necessário rejeitando a escolha popular a fim de evitar os "excessos da democracia".

Hamilton foi um de muitos nos Estados Unidos coloniais que leram e releram a história grega e romana, tentando descobrir como evitar que uma nova democracia se tornasse uma tirania. Ao envelhecer, John Adams mais uma vez releu Cícero, o estadista romano que tentou interromper a deterioração da República romana, chegando a citar suas cartas para Thomas Jefferson. Eles queriam construir uma democracia com base no debate racional, na razão e no compromisso. Mas não tinham ilusões sobre a natureza humana: sabiam que os homens podiam sucumbir às "paixões", para usar a mesma palavra antiquada que usaram. Eles sabiam que qualquer sistema político construído com base na lógica e na racionalidade sempre corre o risco de uma explosão de irracionalidade.

Em tempos modernos, seus sucessores tentaram definir essa irracionalidade e essas "paixões", e entender quem pode ser considerado demagogo e por quê. Hannah Arendt, a filósofa original do totalitarismo, identificou uma "personalidade autoritária", um indivíduo radicalmente solitário que, "sem qualquer outro laço social com família, amigos, camaradas ou mesmo conhecidos, deriva seu senso de ter um lugar no mundo somente de seu pertencimento a um movimento, de sua afiliação a um partido".[14] Theodor Adorno, membro de uma geração de intelectuais que fugiu da Alemanha nazista para os Estados Unidos, investigou essa ideia mais profundamente. Influenciado por Freud, Adorno tentou encontrar a fonte da personalidade autoritária no início da infância, e talvez mesmo na homossexualidade reprimida.

Mais recentemente, Karen Stenner, uma economista comportamental que começou a pesquisar traços de personalidade há duas décadas, argumentou que cerca de um terço da população de qualquer país possui o que ela chama de *predisposição* autoritária,[15] uma palavra que, por ser menos rígida, é mais útil que *personalidade*. A predisposição autoritária, favorecendo a hegemonia e a ordem, pode estar presente sem necessariamente se manifestar; seu oposto, a predisposição "libertária", favorecendo a diversidade e a diferença, também pode estar presente de maneira silenciosa. A definição de *autoritarismo* de Stenner não é política e não equivale a *conservadorismo*. Dito de modo simples, o autoritarismo atrai pessoas que não conseguem tolerar a complexidade: não há nada intrinsicamente "de esquerda" ou "de direita" nesse instinto. Ele é antipluralista. Suspeita de pessoas com ideias diferentes. É alérgico a debates ferozes. Se aqueles que o possuem derivam sua política do marxismo ou do nacionalismo é irrelevante. Trata-se de um estado mental, não de um conjunto de ideias.

Mas os teóricos frequentemente deixam de fora outro elemento crucial no declínio da democracia e construção da autocracia. A mera existência de pessoas que admiram demagogos ou se sentem mais confortáveis em ditaduras não explica integralmente por que os demagogos vencem. O ditador quer governar, mas como ele chega à parte do público que se sente como ele? O político iliberal quer enfraquecer os tribunais a fim de obter mais poder para si mesmo, mas como persuade os eleitores a aceitarem essas mudanças? Na Roma Antiga, César tinha escultores para criar múltiplas versões de sua imagem. Nenhum autoritarismo pode ter sucesso sem o equivalente moderno: os escritores, intelectuais, panfletários, blogueiros, assessores de imprensa, produtores de TV e criadores de memes que vendem sua imagem para o público. Os autoritários precisam de pessoas para promover tumultos ou iniciar golpes. Mas também de pessoas que saibam usar uma sofisticada linguagem legal, capazes de afirmar que ir contra a Constituição ou distorcer as leis é a coisa certa a ser feita. Eles precisam de pessoas que deem voz às queixas, manipulem os descontentamentos, canalizem a raiva e o medo e imaginem um futuro diferente. Precisam, em outras palavras, de membros da elite intelectual e educacional para ajudá-los a iniciar uma guerra contra o restante dessa mesma elite, mesmo que isso inclua colegas de universidade, conhecidos e amigos.

Em seu livro de 1927 *La trahison des clercs*[16] — *A traição dos intelectuais* —, o ensaísta francês Julien Benda descreveu as elites autoritárias de sua época muito antes de qualquer um ter entendido quão importantes elas eram. Antecipando Arendt, sua preocupação não eram as "personalidades autoritárias" em si, mas as pessoas que apoiavam o autoritarismo que ele via assumir formas tanto de esquerda quanto de direita em toda a Europa. Ele descreveu os ideólogos de extrema direita e de extrema esquerda que buscavam promover a "paixão de classe", na forma do marxismo soviético, ou a "paixão nacional", na forma do fascismo, e acusou ambos de estarem traindo a tarefa central do intelectual, a busca pela verdade, em favor de causas políticas particulares. Sarcasticamente, chamou esses intelectuais caídos de *clercs*, notários, uma palavra cujos significados mais antigos estão ligados ao "clero". Dez anos antes do Grande Terror de Stalin e seis anos antes de Hitler chegar ao poder, Benda já temia que os escritores, jornalistas e ensaístas que haviam se transformado em empreendedores e propagandistas pudessem levar civilizações inteiras a atos de violência. E foi o que aconteceu.

Se acontecer, a queda da democracia liberal em nosso próprio tempo não terá a mesma aparência das décadas de 1920 ou 1930. Mas, mesmo assim, precisará de uma nova elite, uma nova geração de *clercs,* para implementá-la. O colapso de uma ideia no Ocidente, ou na que às vezes é chamada de "ordem liberal do Ocidente", precisará de pensadores, intelectuais, jornalistas, blogueiros, escritores e artistas para minar nossos valores atuais e imaginar um novo sistema. Eles podem vir de lugares diferentes: na definição original de Benda, os *clercs* incluem ideólogos tanto de esquerda quanto de direita. Ambos ainda estão conosco. A sensibilidade autoritária está inquestionavelmente presente na geração de agitadores esquerdistas nos campi, que buscam ditar como os professores podem ensinar e o que os alunos podem dizer. Está presente nas hordas de instigadores do Twitter que buscam destruir tanto figuras públicas quanto pessoas comuns por violarem códigos não escritos de expressão. Está presente nos intelectuais transformados em assessores de imprensa do Partido Trabalhista britânico, que evitam qualquer desafio à liderança de Jeremy Corbyn, mesmo depois de ter ficado claro que sua agenda de extrema esquerda seria rejeitada pelo país. E está presente entre os ativistas trabalhistas que primeiro negaram e depois minimizaram o antissemitismo que se disseminou também no interior do partido.

Mas, embora o poder cultural da esquerda autoritária esteja crescendo, os únicos *clercs* modernos que obtiveram real poder *político* nas democracias ocidentais — os únicos operando no interior de governos, participando de coalizões no poder, dirigindo partidos importantes — são membros de movimentos que estamos acostumados a chamar de "direita". É verdade que compõem uma forma específica de direita que tem pouco em comum com a maioria dos movimentos políticos assim descritos desde a Segunda Guerra Mundial. Os tories britânicos, os republicanos americanos, os anticomunistas do leste europeu e os gaullistas franceses vêm de tradições diferentes, mas, como grupo, são — ou eram, até recentemente — dedicados não somente à democracia representativa, mas também à tolerância religiosa, a Judiciários independentes, liberdade de imprensa e de expressão, integração econômica, instituições internacionais, à aliança transatlântica e à ideia política de "Ocidente".

Em contraste, a nova direita não quer conservar ou preservar nada. Na Europa continental, ela despreza a democracia cristã, que usou sua base política na Igreja para fundar e criar a UE após o pesadelo da Segunda Guerra Mundial. Nos Estados Unidos e no Reino Unido, ela rompeu com o conservadorismo tradicional, burkeano e com "c" minúsculo, que suspeita da mudança rápida em todas as suas formas. Embora odeie essa expressão, a nova direita é mais bolchevique que burkeana: homens e mulheres que querem aniquilar, contornar ou minar as instituições atuais para destruir tudo que existe.

Este livro fala dessa nova geração de *clercs* e da nova realidade que eles estão criando, começando com alguns que conheço na Europa Oriental;

VÉSPERA DE ANO-NOVO

passando para a história diferente, mas paralela, da Grã-Bretanha, outro país com o qual tenho laços profundos; e terminando nos Estados Unidos, onde nasci, com algumas paradas intermediárias. As pessoas descritas vão de ideólogos nativistas a ensaístas políticos bem-intencionados; alguns escreveram livros sofisticados, ao passo que outros criaram teorias da conspiração que se tornaram virais. Alguns estão genuinamente motivados pelos mesmos medos, pela mesma raiva e pelo mesmo profundo desejo por unidade de seus leitores e seguidores. Outros se radicalizaram durante furiosos encontros com a esquerda cultural ou sentem repugnância pela fraqueza do centro liberal. Alguns são cínicos e instrumentais, adotando a linguagem radical ou autoritária porque ela pode lhes trazer poder ou fama. Outros são apocalípticos, convencidos de que suas sociedades fracassaram e precisam ser reconstruídas, qualquer que seja o resultado. Alguns são profundamente religiosos. Outros gostam do caos ou buscam promovê-lo como prelúdio à imposição de um novo tipo de poder. Todos buscam redefinir suas nações, reescrever os contratos sociais e, às vezes, alterar as regras da democracia a fim de jamais deixarem o poder. Alexander Hamilton nos avisou sobre eles. Cícero lutou contra eles. Alguns deles costumavam ser meus amigos.

II

Como os demagogos vencem

Monarquia, tirania, oligarquia, democracia — todas essas maneiras de organizar sociedades eram familiares a Platão e a Aristóteles mais de 2 mil anos atrás. Mas o Estado iliberal unipartidário, agora encontrado em todo o mundo — pense na China, na Venezuela, no Zimbábue —, foi desenvolvido por Lenin, na Rússia, a partir de 1917. Nos livros de ciência política do futuro, o fundador da União Soviética certamente será lembrado não somente por suas crenças marxistas, mas também como inventor dessa duradoura forma de organização política. Esse é o modelo que muitos autocratas usam hoje em dia.

Ao contrário do marxismo, o Estado iliberal unipartidário não é uma filosofia. É um mecanismo para se manter no poder e funciona bem ao longo de muitas ideologias. Funciona porque define claramente suas elites políticas, culturais e financeiras. Nas monarquias da França e da Rússia pré-revolucionárias, o direito de governar era concedido à aristocracia, que se definia por códigos rígidos de educação e conduta. Nas democracias ocidentais modernas, o direito de governar é concedido, ao menos em teoria, por diferentes formas de competição: campanhas e eleições, testes meritocráticos que determinam o acesso ao ensino superior e ao funcionalismo público, mercados livres. Hierarquias sociais antiquadas geralmente fazem parte da mistura, mas, atualmente, na

Grã-Bretanha, nos Estados Unidos, na França e, até recentemente, na Polônia, a maioria presume que a competição democrática é a maneira mais justa e eficiente de distribuir poder. Os políticos mais atraentes e competentes devem governar. As instituições estatais — o Judiciário, o funcionalismo público — devem ser ocupadas por pessoas qualificadas. As disputas entre elas devem ocorrer em um campo de jogo nivelado, a fim de assegurar um resultado justo.

O partido único de Lenin era baseado em valores diferentes. Ele destruiu a ordem aristocrática, mas não colocou um modelo competitivo em seu lugar. O Estado unipartidário bolchevique não era apenas antidemocrático, mas também anticompetitivo e antimeritocrático. Vagas em universidades, empregos públicos e cargos no governo e na indústria não iam para os mais industriosos ou capazes, mas para os mais leais. Os indivíduos avançavam não por causa de seu talento ou industriosidade, mas porque estavam dispostos a se conformar às regras do partido. Embora essas regras variassem de acordo com a época, elas eram consistentes. Normalmente, excluíam a antiga elite governante e seus descendentes, assim como grupos étnicos suspeitos. Favoreciam os membros da classe trabalhadora. Acima de tudo, favoreciam pessoas que professavam ruidosamente sua crença no partido, frequentavam as reuniões partidárias e participavam de exibições públicas de entusiasmo. Ao contrário da oligarquia comum, o Estado unipartidário permite mobilidade ascendente: os verdadeiros crentes podem avançar, o que é uma perspectiva especialmente atraente para aqueles não promovidos pelo regime ou sociedade anterior. Arendt observou a atração pelo autoritarismo entre pessoas que se sentiam ressentidas ou fracassadas na década de 1940, quando ela escreveu que o pior tipo de Estado unipartidário "invariavelmente substitui todos os maiores talentos, independentemente de suas simpatias, por excêntricos e tolos cuja falta de inteligência e criatividade é a melhor garantia de sua lealdade".[1]

O desdém de Lenin pela ideia de Estado neutro, por servidores públicos apolíticos e por qualquer noção de mídia objetiva também foi parte importante de seu sistema unipartidário. Ele escreveu que a liberdade de imprensa "é uma farsa".[2] E zombou da liberdade de reunião por ser uma "expressão vazia".[3] A democracia parlamentar era somente "uma máquina para suprimir a classe trabalhadora".[4] Na imaginação bolchevique, a imprensa só podia ser livre e as instituições públicas só podiam ser justas se fossem controladas pela classe trabalhadora — através do partido.

A zombaria da extrema esquerda em relação às instituições competitivas da "democracia burguesa" e do capitalismo e seu cinismo em relação à possibilidade de qualquer objetividade na mídia, no funcionalismo público ou no Judiciário há muito tem uma versão de direita. A Alemanha de Hitler é o exemplo geralmente fornecido. Mas há muitos outros, da Espanha de Franco ao Chile de Pinochet. A África do Sul durante o apartheid foi um Estado unipartidário *de facto* que corrompeu a imprensa e o Judiciário para excluir os negros da vida política e promover os interesses dos africâneres, sul-africanos brancos descendentes principalmente de colonos holandeses, que não obtiveram sucesso na economia capitalista criada pelo Império Britânico.

É verdade que havia outros partidos na África do Sul durante o apartheid. Mas o Estado unipartidário não é necessariamente um Estado sem partidos de oposição. Embora o Partido Comunista de Lenin e o Partido Nazista de Hitler prendessem e assassinassem oponentes, há muitos exemplos de Estados unipartidários, alguns bastante violentos, que permitem oposição limitada, mesmo que somente para manter as aparências. Entre 1945 e 1989, muitos partidos comunistas na Europa Oriental permitiram que seus oponentes — partidos dos camponeses, supostos democratas cristãos ou, no caso da Polônia, um pequeno partido católico — ocupassem papéis no Estado, nos "parlamentos" manipulados ou na vida pública. Em décadas recentes, houve muitos exemplos, da Tunísia de Ben Ali à Venezuela de Hugo Chávez, de Estados unipartidários *de facto* que controlaram as instituições estatais e limitaram as liberdades de associação e expressão, mas permitiram a existência de uma oposição simbólica, desde que não ameaçasse realmente o partido governante.

Essa forma de ditadura suave não requer violência em massa para permanecer no poder. Em vez disso, ela se apoia em suas elites para dirigir a burocracia, a mídia estatal, os tribunais e, em alguns lugares, as empresas públicas. Esses *clercs* modernos entendem seu papel, que é o de defender os líderes, por mais corruptos que se revelem, por mais desonestas que sejam suas declarações e por mais desastroso que seja seu impacto sobre as pessoas e instituições comuns. Em troca, sabem que serão recompensados e promovidos. Os associados mais próximos do líder do partido podem se tornar muito ricos, recebendo contratos lucrativos ou assentos no conselho de empresas estatais sem ter de competir por eles. Outros podem contar com salários e proteção governamental contra acusações de corrupção ou incompetência. Por pior que seja seu desempenho, eles não perderão seus empregos.

Em todo o mundo, há muitas versões do Estado iliberal unipartidário, da Rússia de Putin às Filipinas de Duterte. Na Europa, existem muitos partidos potencialmente iliberais, alguns dos quais fizeram parte de coalizões governantes, como na Itália e na Áustria. Mas, enquanto escrevo, somente dois partidos iliberais têm monopólio do poder: o Lei e Justiça na Polônia e o Partido Fidesz, de Viktor Orbán, na Hungria. Ambos deram grandes passos na direção da destruição das instituições independentes e, como resultado, cobriram seus membros de benefícios. O Lei e Justiça modificou a lei de funcionalismo público, tornando mais fácil demitir profissionais e contratar membros do partido e seus amigos e familiares. Um caso típico é o de Janina Goss, uma ávida produtora de geleias e compotas e amiga de Kaczyński, a quem o primeiro-ministro certa vez emprestou muito dinheiro para o tratamento médico de sua mãe. Anteriormente, ela teve alguns empregos mais simples no partido, mas agora foi nomeada para o conselho de diretores da Polska Grupa Energetyczna, a maior companhia de energia da Polônia, empregando 40 mil pessoas. Na Hungria, o genro de Viktor Orbán é uma figura similarmente abastada e privilegiada. Ele foi acusado de fraude pela UE, mas nenhuma

COMO OS DEMAGOGOS VENCEM

investigação jamais foi finalizada. O caso contra ele foi abandonado pelo Estado húngaro.

Esse tipo de coisa pode receber muitos nomes: nepotismo, captura do Estado, corrupção. Mas também pode ser descrito em termos positivos, pois representa o fim das odiosas noções de meritocracia, competição política e livre mercado, que, por definição, jamais beneficiaram os menos bem-sucedidos. Um sistema manipulado e não competitivo soa mal se você quer viver em uma sociedade dirigida por pessoas talentosas. Mas, se esse não é seu principal interesse, qual o problema?

Se você acredita, como muitos de meus antigos amigos, que a Polônia estará melhor se for governada por pessoas que proclamam ruidosamente certo tipo de patriotismo, são leais ao líder do partido e, ecoando as palavras do próprio Kaczyński, representam "um tipo melhor de polonês",[5] então um Estado unipartidário é na verdade *mais* justo que uma democracia competitiva. Por que partidos diferentes deveriam poder competir em um campo de jogo nivelado se somente um deles merece governar? Por que as empresas deveriam poder competir em um mercado livre se somente algumas são leais ao partido e, portanto, verdadeiramente merecedoras de riquezas?

Esse impulso é reforçado, na Polônia, na Hungria e em muitos países anteriormente comunistas, pela sensação disseminada de que as regras da competição são falhas porque as reformas da década de 1990 — quando a privatização em massa e a imposição de regras de livre mercado transformaram as economias — permitiram que muitos ex-comunistas reciclassem seu poder político e o transformassem em poder econômico. Tanto Orbán quanto Kaczyński frequentemente descreveram seus oponentes como "comunistas" e até mesmo conquistaram admiradores estrangeiros fazendo isso. No caso de Orbán, seus principais oponentes, ao menos na parte inicial de sua carreira, realmente eram antigos comunistas, renomeados "socialistas", de modo que a descrição tinha algum poder.

Mas, em ambos os países, esse apelo ao "anticomunismo", que parecia tão importante há um quarto de século, parece fraco e superficial agora.

O CREPÚSCULO DA DEMOCRACIA

Desde ao menos 2005, a Polônia foi liderada somente por presidentes e primeiros-ministros cujas biografias políticas começaram no movimento anticomunista Solidariedade. Os principais rivais de Kaczyński estão na centro-direita liberal, não na esquerda. Tampouco existe um poderoso monopólio comercial ex-comunista na Polônia — ao menos não a nível nacional, no qual muitas pessoas ganharam dinheiro sem conexões políticas especiais. De fato, o mais proeminente ex-comunista na política polonesa hoje é Stanisław Piotrowicz, um ex-perseguidor comunista na era da lei marcial, agora indicado do Lei e Justiça para o Tribunal Constitucional. Ele é, sem surpresa, grande inimigo da independência judiciária. Do mesmo modo, Orbán regularmente emprega ex-comunistas em altos cargos. O "anticomunismo" de ambos os governos é outra forma de hipocrisia.

Mesmo assim, avisos sombrios sobre a influência do "comunismo" retêm certo apelo para os ideólogos de direita de minha geração. Para alguns, o comunismo parece explicar fracassos pessoais ou má sorte. Nem todo mundo que foi dissidente na década de 1970 chegou a primeiro-ministro, autor de best-sellers ou intelectual publicamente respeitado depois de 1989, e, para muitos, isso é fonte de intenso ressentimento. Se acredita que merece governar, você tem forte motivação para atacar a elite, dominar os tribunais e perverter a imprensa a fim de realizar suas ambições. O ressentimento, a inveja e, acima de tudo, a crença de que o "sistema" é injusto — não somente para o país, mas para você — são sentimentos importantes entre os ideólogos nativistas da direita polonesa, em tal intensidade que não é fácil separar seus motivos pessoais de seus motivos políticos.

Foi isso que aprendi com a história de Jacek Kurski, diretor da televisão estatal polonesa e principal ideólogo do Estado aspirante a unipartidário. Ele começou no mesmo lugar e ao mesmo tempo que seu irmão, Jarosław Kurski, que edita o maior e mais influente jornal liberal do país. Nascidos na mesma família, eles acreditam em duas ideias muito diferentes de Polônia. São dois lados da mesma moeda polonesa.

COMO OS DEMAGOGOS VENCEM   31

Para entender os irmãos Kurski, é importante entender de onde eles vieram: da cidade portuária de Gdańsk, no mar Báltico, onde os guindastes dos estaleiros se debruçam como cegonhas gigantescas sobre as antigas fachadas hanseáticas. Os Kurski chegaram à maioridade no início da década de 1980, quando Gdańsk era tanto o centro da atividade anticomunista na Polônia quanto um fim de mundo empobrecido, um lugar onde se encontrava intriga e tédio em doses iguais.

Naquele momento particular, naquele local particular, a família Kurski se destacava. Anna Kurska era advogada e juíza e ativa no sindicato Solidariedade, a principal organização de oposição da época. Em sua casa, as portas estavam sempre abertas; as pessoas passavam por lá o dia inteiro, querendo discutir alguma questão legal urgente e talvez obter conselhos. Elas conversavam, bebiam chá, fumavam, bebiam chá novamente e conversavam mais um pouco. Ninguém telefonava com antecedência na Gdańsk da década de 1980. As pessoas não tinham telefones ou, quando tinham, temiam que estivessem grampeados.

Os filhos de Anna logo se tornaram ativistas. O senador Bogdan Borusewicz, um dos mais importantes sindicalistas clandestinos da época, contou que a escola dos irmãos era amplamente conhecida por ser *zrewoltowane* — rebelde, em revolta contra o sistema comunista. Jarosław representava sua turma no "parlamento" escolar, uma iniciativa oposicionista; também fazia parte de um grupo que estudava filosofia e literatura polonesa conservadora. Jacek, um pouco mais novo, estava menos interessado na batalha intelectual contra o comunismo. Ele pensava em si mesmo como ativista e radical. Quando a lei marcial foi declarada em 1981, pondo fim à breve existência legal do Solidariedade, os irmãos participaram de passeatas, gritaram slogans, carregaram cartazes. Ambos trabalharam primeiro no jornal ilegal da escola e depois no *Solidarność*, o jornal ilegal de oposição do Solidariedade.

32 O CREPÚSCULO DA DEMOCRACIA

Em outubro de 1989, Jarosław foi trabalhar como secretário de imprensa de Lech Wałęsa, fundador do Solidariedade, que, após a eleição do primeiro governo não comunista da Polônia, passou a se sentir desconfortável e ignorado; no caos criado pelas reformas econômicas revolucionárias e pelas rápidas mudanças políticas, não havia papel óbvio para ele. Eventualmente, no fim de 1990, Wałęsa concorreu à Presidência e venceu, em parte por galvanizar pessoas que se ressentiam com os compromissos que acompanharam o colapso negociado do comunismo na Polônia, mais notadamente a decisão de não enviar antigos comunistas para a cadeia. A experiência fez com que Jarosław percebesse que não gostava de política, especialmente da política do ressentimento: "Eu vi o que realmente estava envolvido na política [...] intrigas horríveis, busca por sujeira, campanhas de difamação."[6]

Também foi seu primeiro encontro com Kaczyński, mais tarde fundador do Lei e Justiça, que, segundo Jarosław, era "mestre naquilo tudo. Em seu pensamento político, não existem acidentes [...] Se algo acontece, foi por maquinação de um outsider. *Conspiração* é sua palavra favorita". (Ao contrário de Jarosław, Jacek não quis conversar comigo. Um amigo em comum — possuímos vários — me deu seu número privado; eu enviei uma mensagem de texto e telefonei algumas vezes, deixando recados. Mais tarde, telefonei novamente e a pessoa que atendeu riu quando me identifiquei, repetiu meu nome em voz alta e assegurou: "Claro, claro" — naturalmente, o presidente da televisão polonesa retornaria minha chamada. Mas ele jamais o fez.)

Finalmente, Jarosław pediu demissão e foi trabalhar no *Gazeta Wyborcza,* um jornal fundado na época das primeiras eleições parcialmente livres do país, em 1989. Na nova Polônia, ele podia ajudar a construir algo, criar uma imprensa livre, e isso era suficiente. Jacek foi precisamente na direção oposta. "Você é um idiota", disse ele ao irmão quando descobriu que Jarosław deixara de trabalhar para Wałęsa. Mesmo ainda estando no ensino médio, Jacek já estava interessado em uma carreira política e até mesmo sugeriu assumir o emprego do

COMO OS DEMAGOGOS VENCEM   33

irmão, acreditando que ninguém notaria: "Antes era Jarek, agora é Jacek. Quem vai saber a diferença?"

Jacek — na descrição do irmão — sempre foi "fascinado" pelos irmãos Kaczyński, que foram conspiradores, maquinadores e criadores de tramas desde o início. Ao mesmo tempo, ele não estava particularmente interessado nas características do conservadorismo polonês, nos livros ou debates que haviam cativado seu irmão. Uma amiga de ambos me disse achar que Jacek não possui nenhuma filosofia política real. "Ele é conservador? Acho que não, ao menos não na definição estrita de conservadorismo. Ele é alguém que quer estar no topo."[7] E, do fim da década de 1980 em diante, foi lá que trabalhou para estar.

O tipo de emoção que geralmente não recebe muita atenção dos grandes teóricos políticos desempenhou grande papel no que aconteceu em seguida. Jacek Kurski não é um conformista radicalmente solitário do tipo descrito por Hannah Arendt e não encarna a banalidade do mal; ele não é um burocrata seguindo ordens. Nunca disse nada ponderado ou interessante sobre o tema da democracia, um sistema político que não apoia nem denuncia. Ele não é um ideólogo ou verdadeiro adepto; é um homem que quer o poder e a fama que sente lhe terem sido injustamente negados. Para entender Jacek, é preciso ir além dos textos de ciência política e estudar os anti-heróis da literatura. É preciso olhar para o Iago de Shakespeare, que manipulou a insegurança e o ciúme de Otelo. É preciso estudar o Julien Sorel de Stendhal, que assassinou a amante quando ela ficou no caminho de seu avanço pessoal.

Ressentimento, vingança e inveja, não solidão radical, formam o pano de fundo do que aconteceu em seguida. Jacek acabou por se voltar contra Wałęsa, talvez porque Wałęsa não tenha lhe dado o emprego que ele julgava merecer. Ele se casou e se divorciou; processou o jornal do irmão várias vezes e foi processado de volta. Foi coautor de um livro polêmico e produziu um filme conspiracionista sobre as forças secretas agindo contra a direita polonesa. Ambos os projetos lhe deram certo prestígio entre um grupo que, como ele, sentiu-se injustamente excluído do poder nos primeiros 25 anos da Polônia pós-comunista.

Jacek também foi membro, em diferentes momentos, de vários partidos ou grupos polítcos, às vezes bastante marginais e às vezes mais centristas. Foi membro do Parlamento durante um mandato e não deixou nenhum legado. Foi membro do Parlamento Europeu por outro mandato, durante o qual tampouco fez diferença. Especializou-se nas chamadas relações públicas "negativas". Ficou famoso por ajudar a torpedear a campanha presidencial de Donald Tusk (que se tornou primeiro-ministro da Polônia e depois presidente do Conselho Europeu), em parte ao disseminar o rumor de que o avô de Tusk se alistara voluntariamente na Wehrmacht, o Exército nazista. Questionado sobre essa fabulação, Jacek teria dito a um pequeno grupo de jornalistas que evidentemente não era verdade, mas *ciemny lud to kupi* — o que, em tradução livre, significa "os camponeses ignorantes vão acreditar".[8] Bogdan Borusewicz, o legendário líder do Solidariedade, o descreveu como "sem escrúpulos".[9]

Mas, embora tenha passado anos na vida pública, Jacek não obteve a aclamação popular à qual, como ex-ativista adolescente do Solidariedade, julgava ter direito. E isso, acredita seu irmão, foi uma enorme decepção: "Durante toda a vida, ele acreditou merecer uma grande carreira [...] que seria primeiro-ministro, que estava predestinado a algo grandioso. Contudo, o destino decretou que fracassasse uma vez após a outra [...]. Ele concluiu que isso era uma grande injustiça." Em contraste, Jarosław é bem-sucedido, membro do establishment, editor daquele que é possivelmente o jornal mais importante do país.

Em 2015, Kaczyński retirou Jacek da relativa obscuridade da política marginal e o nomeou diretor da televisão estatal. E parece que essa foi a chance de Jacek exorcizar suas frustrações. Tente imaginar o que aconteceria se a BBC fosse tomada pelo site conspiracionista InfoWars e terá uma ideia aproximada do que aconteceu à Telewizja Polska, a emissora pública da Polônia, que controla vários canais de rádio e televisão e ainda é a principal fonte de notícias para grande parte da população. A destruição da mídia estatal promovida por Jacek foi inconstitucional — após 1989, a televisão estatal deveria se tornar pública e politicamente neutra, como

COMO OS DEMAGOGOS VENCEM

a BBC. Mas, mesmo assim, foi extensa a obra de um homem motivado pela necessidade de vingança.

Os jornalistas mais conhecidos foram demitidos e substituídos por pessoas que previamente haviam trabalhado na imprensa de extrema direita, às margens da vida pública. Muito rapidamente, os programas de notícias abandonaram qualquer pretensão de objetividade ou neutralidade. Em vez disso, passaram a produzir notícias distorcidas e conduzir extensas vendetas contra pessoas e organizações das quais o partido governante não gostava. E elas foram não somente repulsivas, mas letais. Durante meses, houve uma campanha cruel e repetitiva contra o popular prefeito de Gdańsk, Paweł Adamowicz, acusando-o de tudo, de corrupção a traição. E alguém estava ouvindo: em 13 de janeiro de 2019, um criminoso recém-libertado, que assistira à televisão estatal na prisão, pulou no palco no momento culminante de um concerto filantrópico e enfiou uma faca no peito de Adamowicz. O prefeito morreu no dia seguinte.

Nem Kurski nem Kaczyński reconheceram o papel que seu canal desempenhou na radicalização do assassino. Ao contrário: em vez de se desculpar, a Telewizja Polska voltou seu veneno na direção de outros. Entre eles a nova prefeita de Gdańsk, Alexandra Dulkiewicz, que agora precisa de guarda-costas. O prefeito de Poznań, juntamente com vários outros, recebeu três ameaças de morte. O tabu contra a violência política foi quebrado na Polônia, e ninguém sabe quem será a próxima vítima.

Mesmo assim, não há recuo nem reconhecimento de que o rufar constante do ódio pode inspirar outro assassinato. O canal não tenta manter a aparência de justiça. Não emprega nenhum comentador neutro. Ao contrário, celebra sua própria habilidade de manipular a realidade. Em certo momento de 2018, exibiu um trecho de uma coletiva de imprensa no qual jornalistas perguntam ao então líder do partido de oposição, Grzegorz Schetyna, o que seu partido realizara em seus oito anos de governo, entre 2007 e 2015. Schetyna hesita e franze o cenho; o vídeo termina em seguida. É como se ele nada tivesse a dizer.[10]

Na realidade, Schetyna falou por vários minutos sobre a construção de estradas, investimentos nas áreas rurais e avanços na política externa. Mas o vídeo manipulado — um exemplo entre muitos — foi considerado tal sucesso que, por vários dias, permaneceu no topo do feed do Twitter da Telewizja Polska. Sob o Lei e Justiça, a televisão estatal não somente produz propaganda do regime; ela chama atenção para o fato de fazer isso. Ela não somente distorce e contorce as informações, mas se regozija com a farsa.

Jacek — privado de respeito por tantos anos — finalmente obteve sua vingança. Mesmo depois de ter deixado formalmente o cargo de diretor da emissora — para alguns no interior do partido, ele começara a ir longe demais —, ele permaneceu onde achava ter o direito de estar: no centro da atenção, o radical atirando coquetéis molotov na multidão. Sua frustração, nascida da incapacidade de avançar em um sistema político que favorecia a racionalidade e a competência, foi superada. O Estado iliberal unipartidário é perfeitamente adequado para ele; quanto pior se tornar o partido, mais medo Jacek poderá inspirar e mais poderoso se tornará. O comunismo já não está disponível como inimigo contra quem lutar. Mas novos inimigos podem ser encontrados. Sua vitória sobre eles o tornará ainda mais grandioso.

De Orwell a Koestler, os escritores europeus do século XX se mostraram obcecados com a ideia da Grande Mentira, vastos constructos ideológicos como os do comunismo e do fascismo. Os cartazes exigindo lealdade ao Partido ou ao Líder, os camisas-marrons e os camisas-negras marchando em formação, os desfiles à luz de tochas, a polícia do terror, todas essas demonstrações forçadas de apoio às Grandes Mentiras eram tão absurdas e inumanas que exigiram prolongada violência para impor e ameaça de violência para manter. Elas exigiram educação forçada, controle total da cultura e politização do jornalismo, dos esportes, da literatura e da arte.

COMO OS DEMAGOGOS VENCEM

Em contraste, os movimentos políticos polarizantes da Europa do século XXI requerem muito menos de seus seguidores. Eles não esposam uma ideologia totalmente desenvolvida e, portanto, não precisam de violência ou polícia do terror. Eles querem que seus *clercs* os defendam, mas não os forçam a proclamar que preto é branco, que guerra é paz e que as fazendas estatais colheram 1000% da produção planejada. A maioria não emprega propaganda que conflita com a realidade cotidiana. E, mesmo assim, todos dependem, se não de uma Grande Mentira, daquilo que o historiador Timothy Snyder certa vez chamou de Mentira Média. Para dizer de outro modo, todos encorajam seus seguidores a se engajarem, ao menos durante parte do tempo, em uma realidade alternativa. Às vezes, essa realidade alternativa se desenvolve de modo orgânico; com mais frequência, é cuidadosamente formulada, com a ajuda de técnicas modernas de marketing, segmentação do público e campanhas nas mídias sociais.

Os americanos, é claro, estão familiarizados com as maneiras pelas quais uma mentira pode aumentar a polarização e inflamar a xenofobia. Muito antes de concorrer à Presidência, Donald Trump entrou na política promovendo o nascimentismo [*birtherism*], a falsa premissa de que o presidente Barack Obama não nascera nos Estados Unidos, uma teoria da conspiração cujo poder foi seriamente subestimado na época. Mas, em ao menos dois países europeus, a Polônia e a Hungria, temos exemplos do que acontece quando uma Mentira Média — uma teoria da conspiração — é propagada primeiro por um partido político como princípio central de sua primeira campanha e depois pelo partido governante, com toda a força do aparato estatal moderno e centralizado por trás de si.

Na Hungria, a mentira não é original: trata-se da crença, agora promovida pelo governo russo e muitos outros, nos poderes sobre-humanos de George Soros, o bilionário judeu húngaro que supostamente conspirou para destruir a Hungria através da deliberada importação de migrantes. Essa teoria, como muitas teorias da conspiração bem-sucedidas, foi construída sobre um grão de verdade: Soros certa vez sugeriu que a rica Europa fizesse um gesto humanitário e admitisse mais sírios, a fim de ajudar as nações mais pobres do Oriente Médio a lidarem com a crise de refugiados. Mas a propaganda na Hungria — e em vários sites europeus e americanos de extrema direita, de supremacia branca ou "identitários" — vai muito além disso. Ela sugere que Soros é o principal instigador de um complô judeu deliberado para substituir os europeus brancos e cristãos — particularmente húngaros — por muçulmanos de pele escura. Esses movimentos não percebem os migrantes somente como fardo econômico ou mesmo ameaça terrorista, mas como desafio existencial à própria nação. Em vários momentos, o governo húngaro colocou o rosto de Soros em cartazes, nas paredes do metrô e em panfletos, esperando que isso assustasse tanto os húngaros que eles apoiariam o governo.

Na Polônia, a mentira ao menos é *sui generis*. Trata-se da teoria da conspiração de Smolensk, que obseda minha antiga amiga Anita Gargas e tantos outros: a crença de que um complô nefário derrubou o avião do presidente em abril de 2010. A história tem força especial na Polônia porque o acidente realmente teve misteriosos ecos históricos. O presidente que morreu, Lech Kaczyński, estava a caminho de um evento em memória dos massacres de Katyń, uma série de execuções em massa ocorridos em 1940, quando Stalin assassinou mais de 21 mil oficiais poloneses — um ataque deliberado à então elite do país. Dezenas de figuras militares e políticos importantes estavam a bordo, muitos dos quais meus amigos. Meu marido conhecia quase todo mundo no avião, incluindo a tripulação.

Uma grande onda de emoção se seguiu ao acidente. Uma espécie de histeria, parecida com a loucura que tomou os Estados Unidos após o 11 de Setembro, engolfou a nação. Os apresentadores de TV usaram gravatas pretas; amigos se reuniram em nosso apartamento em Varsóvia para falar sobre a história se repetindo naquela escura e úmida floresta russa. Minhas próprias lembranças dos dias que se seguiram ao acidente são confusas e caóticas. Lembro de comprar um terninho preto para usar

COMO OS DEMAGOGOS VENCEM

no velório; lembro de uma das viúvas, tão abalada que mal parecia capaz de se manter em pé, chorando durante o funeral do marido. Meu próprio marido, que recusara o convite para viajar com o presidente, ia ao aeroporto toda noite e observava, atenciosamente, os caixões que chegavam.

Inicialmente, a tragédia pareceu unir as pessoas; afinal, políticos de todos os partidos importantes estavam no avião. Os funerais ocorreram em todo o país. Até mesmo Vladimir Putin, então primeiro-ministro russo, pareceu comovido. Ele foi até Smolensk para se encontrar com Tusk, então primeiro-ministro polonês, na noite do acidente. No dia seguinte, um dos canais de TV mais assistidos da Rússia exibiu *Katyń*, um filme emocionante e muito antissoviético dirigido por Andrzej Wajda, renomado diretor polonês. Nada assim jamais foi exibido tão amplamente na Rússia, antes ou depois.

Mas o acidente não aproximou as pessoas. Nem a investigação de suas causas.

Equipes de especialistas poloneses chegaram ao local no mesmo dia. Eles fizeram seu melhor para identificar os corpos. Examinaram os destroços. Quando a caixa-preta foi encontrada, passaram a transcrever a fita da cabine. A verdade, como começou a emergir, não era reconfortante para o Lei e Justiça ou para seu líder, o irmão gêmeo do presidente. O avião decolou com atraso; o presidente provavelmente estava com pressa de aterrissar, porque queria usar a viagem para iniciar sua campanha de reeleição. Ele pode ter ficado acordado até tarde, bebendo, na noite anterior. Quando os pilotos se aproximaram do local, descobriram que havia neblina espessa em Smolensk, que não possui aeroporto, somente uma pista na floresta; eles pensaram em desviar o avião, o que significaria uma viagem de carro de várias horas até a cerimônia. Depois de um breve telefonema entre o presidente e seu irmão, seus conselheiros aparentemente pressionaram os pilotos a aterrissar. Alguns deles, agindo contra o protocolo, entraram e saíram da cabine durante o voo. Também contra o protocolo, o chefe da Força Aérea entrou na cabine e se sentou ao lado dos pilotos. *"Zmieścisz się śmiało"* — "Vocês vão conseguir, sejam ousados", disse ele. Segundos depois, o avião colidiu contra a copa de algumas bétulas, rolou e caiu no solo.

40   O CREPÚSCULO DA DEMOCRACIA

Inicialmente, Jarosław Kaczyński pareceu acreditar que a queda fora acidental. "É culpa sua e dos tabloides", disse ele a meu marido, que teve a horrível tarefa de informá-lo sobre o acidente. Com isso, ele queria dizer que a culpa era do governo, porque, intimidado pelo jornalismo de tabloide, recusara-se a comprar aviões novos. Mas, com o avanço da investigação, as descobertas não lhe agradaram. Não havia nada errado com o avião.

Talvez, como tantas pessoas que usam teorias da conspiração para lidar com tragédias aleatórias, Kaczyński simplesmente fosse incapaz de aceitar que seu amado irmão morrera sem motivo; talvez não pudesse aceitar o ainda mais difícil fato de que as evidências sugeriam que o presidente e sua equipe, talvez até mesmo inspirados por aquele telefonema, haviam pressionado os pilotos a aterrissar, dando início a uma cadeia de eventos que levou à queda. Talvez ele se sentisse culpado — a viagem fora ideia sua — ou com remorsos. Ou talvez, como Donald Trump, tenha compreendido como uma teoria da conspiração podia ajudá-lo a obter poder.

Assim como Trump usou o nascimentismo para alimentar as suspeitas contra o "establishment" antes mesmo de ser candidato, Kaczyński talvez tenha usado a tragédia de Smolensk para galvanizar seus seguidores, angariar novos apoiadores na extrema direita e convencê-los a não confiar no governo ou na mídia. Algumas vezes, ele sugeriu que o governo russo derrubara o avião. Em outras, culpou o antigo partido governante, então maior partido de oposição, pela morte do irmão: "Vocês o destruíram, vocês o assassinaram, vocês são a escória!", gritou ele no Parlamento.[11]

Nenhuma dessas acusações é verdadeira e, em algum nível, ele parece saber disso. Talvez para se distanciar das mentiras que precisavam ser contadas, ele entregou a tarefa de promover a teoria da conspiração a um de seus mais antigos e esquisitos camaradas. Antoni Macierewicz é membro da geração de Kaczyński, anticomunista de longa data, embora com algumas estranhas conexões russas e hábitos ainda mais estranhos. Seu comportamento segredista e suas obsessões pessoais — ele considera *Os protocolos dos sábios de Sião* um documento plausível — até mesmo

COMO OS DEMAGOGOS VENCEM 41

levaram o Lei e Justiça a fazer uma promessa de campanha em 2015: Macierewicz definitivamente não seria ministro da Defesa.

Mas, assim que o partido venceu, Kaczyński quebrou a promessa e nomeou Macierewicz justamente para esse cargo. De imediato, Macierewicz começou a institucionalizar a mentira de Smolensk. Ele criou uma nova comissão de investigação composta por excêntricos, entre eles um etnomusicólogo, um piloto aposentado, um psicólogo, um economista russo e outras pessoas sem experiência em acidentes aéreos. O relatório oficial anterior foi removido de um site do governo. A polícia entrou nas casas dos especialistas aéreos que haviam testemunhado durante a investigação original, interrogou os especialistas e confiscou seus computadores. Quando Macierewicz foi a Washington para se reunir com suas contrapartes americanas no Pentágono, a primeira coisa que fez foi perguntar se a inteligência americana tinha alguma informação secreta sobre Smolensk. A reação foi de profunda preocupação com a saúde mental do ministro.

Quando instituições e grupos de direitos humanos europeus, algumas semanas após a eleição, começaram a responder às ações do governo Lei e Justiça, eles focaram no enfraquecimento dos tribunais e da mídia pública. Não focaram na institucionalização da teoria da conspiração de Smolensk, que, francamente, era esquisita demais para ser compreendida por outsiders. E, mesmo assim, a decisão de colocar uma fantasia no centro da política governamental realmente inspirou muito do que se seguiu.

Embora a comissão de Macierewicz jamais tenha produzido uma explicação alternativa crível para o acidente, a mentira de Smolensk lançou as bases morais para outras mentiras. Os que conseguiam aceitar a elaborada teoria podiam aceitar qualquer coisa. Podiam aceitar a promessa quebrada de não colocar Macierewicz no governo. Podiam aceitar — embora o Lei e Justiça supostamente fosse um partido "patriótico" e antirrusso — a decisão de Macierewicz de despedir muitos dos mais altos comandantes militares do país, cancelar contratos de armamentos, promover pessoas com ligações russas e atacar uma instalação da Otan em Varsóvia no meio da noite. A mentira também forneceu aos soldados da extrema direita a base ideológica para tolerar outras ofensas. Quaisquer que fossem os erros cometidos pelo partido e as leis a que desobedecesse, ao menos a "verdade" sobre Smolensk finalmente seria revelada.

A teoria da conspiração de Smolensk também ajudou a atingir outro propósito: para uma geração mais jovem, que já não se lembrava do comunismo, e para uma sociedade na qual ex-comunistas haviam amplamente desaparecido da política, ela ofereceu uma nova razão para desconfiar dos políticos, empresários e intelectuais que haviam emergido dos conflitos da década de 1990 e agora lideravam o país. Mais especificamente, ofereceu uma maneira de definir uma elite nova e melhor. Não havia necessidade de competição, exames ou um currículo cheio de realizações. Qualquer um que professasse acreditar na mentira de Smolensk era, por definição, um verdadeiro patriota e, portanto, qualificado para um emprego no governo. E a Polônia, claro, não é o único país onde esse mecanismo simples funciona.

O apelo emocional de uma teoria da conspiração reside em sua simplicidade. Ela explica fenômenos complexos, responde por acasos e acidentes e oferece ao apoiador a satisfatória sensação de ter acesso especial e privilegiado à verdade. Para aqueles que se tornaram guardiões do Estado unipartidário, a repetição dessas teorias da conspiração também oferece outra recompensa: poder.

Mária Schmidt não estava em minha festa de Ano-Novo, mas eu a conheço mais ou menos desde aquele tempo. Ela é historiadora, autora de uma obra valiosa sobre o stalinismo húngaro e me ajudou muito quando escrevi sobre o assunto. Nós nos conhecemos em 2002, quando ela me convidou para a inauguração do Terror Háza — o museu Casa do Terror — em Budapeste, que certa vez me concedeu um prêmio. O museu, ainda dirigido por ela, explora a história do totalitarismo na Hungria. Quando foi inaugurado, era um dos mais inovadores da metade oriental da Europa.

COMO OS DEMAGOGOS VENCEM

Desde o primeiro dia, o museu teve críticos ferozes. Muitos visitantes não gostaram do primeiro salão, que tinha um painel de televisores em uma das paredes, exibindo propaganda nazista, e um painel de televisores na parede oposta, exibindo propaganda comunista. Em 2002, a comparação entre os dois regimes ainda era um choque, embora já não tanto agora. Outros sentiram que o museu dava insuficiente peso e espaço aos crimes do fascismo, embora os comunistas tenham governado a Hungria por muito mais tempo que os fascistas, de modo que havia mais a mostrar. Eu gostei do fato de o museu tentar atingir as pessoas mais jovens com suas exposições de vídeos e áudios e seu uso inteligente dos objetos. Também gostei de ver a exibição de húngaros comuns colaborando com ambos os regimes, o que poderia ajudar seus descendentes a entenderem que seu país — como qualquer outro — devia assumir a responsabilidade por sua própria política e história, evitando a estreita armadilha nacionalista de culpar estrangeiros pelos problemas.

Mas foi precisamente nessa estreita armadilha nacionalista que a Hungria caiu. O tardio acerto de contas com o passado comunista — criando museus, realizando memoriais, nomeando perpetradores — não ajudou a cimentar o respeito pelo estado de direito, como eu achei que faria. Ao contrário, dezesseis anos após a inauguração do Terror Háza, o partido governante húngaro não respeita restrições de nenhum tipo. Ele foi muito mais longe até que o Lei e Justiça na politização da mídia estatal e na destruição da mídia privada, fazendo ameaças, bloqueando o acesso à publicidade e encorajando empresários amigáveis a comprarem as propriedades de uma mídia enfraquecida pela perseguição e pela falta de receita. Além de uma claque de ideólogos, o governo húngaro, como o russo, também criou uma nova elite comercial que é leal a Orbán e se beneficia disso. Um empresário húngaro que preferiu não ser citado me disse que, logo depois que Orbán assumiu o governo, camaradas do regime exigiram que ele lhes vendesse sua empresa por um preço baixo; quando ele se recusou, eles organizaram "inspeções fiscais" e outras formas de perseguição, assim como uma campanha de intimidação que o

44 O CREPÚSCULO DA DEMOCRACIA

forçou a contratar guarda-costas. Finalmente, ele, como muitos outros em sua posição, vendeu a empresa e deixou o país.

Como o governo polonês, o Estado húngaro promove uma Mentira Média: ele bombardeia propaganda afirmando que seus problemas — incluindo o coronavírus, que os hospitais nacionais estão mal equipados para combater — são causados por migrantes muçulmanos inexistentes, pela UE e, novamente, por George Soros. A despeito de suas credenciais na oposição e de suas realizações intelectuais, Schmidt — historiadora, acadêmica e curadora de museu — foi uma das principais autoras dessa mentira. Ela periodicamente publica longas, furiosas, fulminantes postagens contra Soros; contra a Universidade Centro-Europeia, fundada originalmente com dinheiro dele; e contra os "intelectuais de esquerda", entre os quais ela parece incluir principalmente democratas liberais de centro-esquerda e centro-direita.

São muitas as ironias e paradoxos em sua vida. Schmidt foi membro, embora não proeminente, da oposição anticomunista. Ela uma vez me contou que, em seus anos de universidade, todos os oponentes do comunismo trabalhavam na mesma biblioteca de Budapeste; em certo momento, alguém dava o sinal e todos se reuniam para um café. Depois de 1989, ela foi grande beneficiária da transição política húngara: seu falecido marido fez fortuna no mercado imobiliário pós-comunismo, graças à qual ela vive em uma casa espetacular nas colinas de Buda. Embora tenha conduzido uma campanha publicitária projetada para minar a Universidade Centro-Europeia, fundada por Soros, seu filho se formou lá. E embora saiba muito bem o que aconteceu em seu país na década de 1940, ela seguiu, passo a passo, o manual do Partido Comunista quando assumiu a *Figyelő*, uma revista outrora respeitada: ela trocou os editores, expulsou os repórteres independentes e os substituiu por escritores confiáveis e leais ao governo.

A *Figyelő* permaneceu "propriedade privada" e, portanto, tecnicamente independente. Mas, desde o início, não foi difícil ver quem a apoiava.

COMO OS DEMAGOGOS VENCEM

Uma edição que atacava as ONGs húngaras — a capa as comparava visualmente ao Estado Islâmico — também incluía doze páginas de propaganda paga pelo governo para o Banco Nacional, o Tesouro e a campanha oficial contra Soros. Essa é uma reinvenção moderna da imprensa unipartidária pró-governo, com o mesmo tom cínico das publicações comunistas de outrora. É uma versão húngara da televisão estatal polonesa de Jacek Kurski: desdenhosa, vulgar, brutal. Em abril de 2018, a revista publicou uma lista dos supostos "mercenários de Soros"[12] — os "traidores" que trabalhavam para organizações que recebiam doações dele —, marcando-os como alvos de desdém e ataques. Em dezembro do mesmo ano, colocou András Heisler, o líder da comunidade judaica húngara, na capa, com cédulas de 20 mil florins flutuando em torno de sua imagem.

Schmidt concordou em conversar comigo — após me chamar de "arrogante e ignorante" — somente se eu ouvisse suas objeções a um artigo, sobre a Hungria e outras coisas, que eu escrevera para o *The Washington Post*.[13] A despeito desse convite pouco promissor, voei até Budapeste, onde a conversa franca que eu esperava se provou impossível. Schmidt fala um inglês excelente, mas disse que queria usar um tradutor. Ela apresentou um jovem de aparência aterrorizada que, a julgar pelas transcrições, deixou de fora grandes trechos do que ela disse. E, embora me conheça há quase duas décadas, ela colocou um gravador sobre a mesa, no que presumi ser um sinal de desconfiança.

Então repetiu os mesmos argumentos de seu blog. Como principal evidência de que George Soros "controla" o Partido Democrata americano, citou um episódio do *Saturday Night Live*. Como prova de que os Estados Unidos são "uma potência colonizadora com fortes bases ideológicas", citou um discurso de Barack Obama no qual ele criticou uma fundação húngara por propor erigir uma estátua em homenagem a Bálint Hóman, o homem que escreveu as leis antijudaicas nas décadas de 1930 e 1940. Repetiu a alegação de que a imigração representa um grave risco para a Hungria e ficou irritada quando eu perguntei, várias vezes, onde estão todos esses imigrantes. "Na Alemanha", rosnou ela por fim. É claro que estão: os poucos imigrantes do Oriente Médio que conseguiram entrar na Hungria em 2016 não desejavam ficar. A imigração na Hungria é um problema imaginário, não real.

Schmidt é melindrosa, irritadiça: ela diz que se sente tratada com indulgência, e não somente por mim. Recentemente, o escritor Ivan Krastev descreveu esse estado emocional e o comparou a uma mentalidade "pós-colonial".[14] Pouco impressionadas (ou interessadas) pelos valores universais subjacentes à democracia, algumas pessoas, especialmente intelectuais de renome como Schmidt, agora acham humilhante terem sido imitadoras do projeto democrático ocidental, em vez de fundadoras de algo original. Ao falar comigo, Schmidt usou precisamente essa linguagem. A mídia e os diplomatas ocidentais "falam com superioridade com aqueles que estão abaixo, como costumava ser com as colônias", disse ela. Quando ouve falar de antissemitismo, corrupção e autoritarismo, ela instintivamente reage com uma versão de "não é da sua conta".

Mas Schmidt, que gasta muito tempo criticando a democracia ocidental, não oferece nada melhor ou diferente em seu lugar. A despeito de ser dedicada à originalidade da Hungria e ao valor da "hungariedade", ela retirou grande parte de sua ideologia profundamente não original do Breitbart News, incluindo a descrição caricatural das universidades americanas e as piadas desdenhosas sobre "banheiros transexuais". No entanto, não existe uma esquerda cultural propriamente dita na Hungria e, de qualquer modo, Orbán, que colocou a Academia Húngara de Ciências sob controle direto do governo, silenciou os acadêmicos e expulsou a Universidade Centro-Europeia do país, é um risco muito maior à liberdade acadêmica que qualquer esquerdista. Conheço ao menos um grupo de acadêmicos húngaros que decidiram não publicar uma análise eleitoral — que demonstrava que o Fidesz trapaceou — por medo de perderem financiamento ou seus empregos. Mesmo assim, Schmidt continua a luta contra a "esquerda" inexistente. Ela até mesmo convidou Steve Bannon e Milo Yiannopoulos para irem a Budapeste, muito depois de essas duas tristes figuras terem deixado de ter influência nos Estados Unidos. No fim das contas, até mesmo o nacionalismo de direita alternativa de Schmidt é uma imitação.

A outra ironia é o quanto ela, muito mais que Orbán, personifica perfeitamente o etos dos bolcheviques, que genuinamente odeia. Seu cinismo é profundo. O apoio de Soros aos refugiados sírios não pode ser filantropia; deve vir do profundo desejo de destruir a Hungria. Os comentários de Obama sobre a estátua não podem ter sido sinceros; devem refletir um relacionamento financeiro com Soros. A política de refugiados de Angela Merkel não pode vir do desejo de ajudar pessoas; ela deve ter uma agenda oculta e nefária. "Acho que é papo furado", disse Schmidt. "Acho que ela quer provar que, dessa vez, os alemães são boas pessoas. E podem dar lições sobre humanismo e moralidade. Para os alemães, não importa o conteúdo, desde que eles possam continuar a dar lições de moral no restante do mundo." Tudo isso lembra o desdém de Lenin pelas instituições da "democracia burguesa";[15] pela imprensa livre, que considerava falsa; e pelo idealismo liberal, que considerava inautêntico.

Mas a Mentira Média está funcionando para Orbán — assim como para Donald Trump e Kaczyński —, mesmo que seja somente porque foca a atenção mundial em sua retórica, e não em suas ações. Eu e Schmidt passamos a maior parte de nossa desagradável conversa de duas horas argumentando sobre questões disparatadas: George Soros controla o Partido Democrata? Os migrantes que tentaram atravessar a Hungria para chegar à Alemanha em 2016 — e que agora deixaram de vir — ainda são uma ameaça à nação, como insiste a propaganda governamental? Não discutimos a influência russa na Hungria, que agora é muito forte, ou o fato de as exposições especiais do museu de Schmidt terem lentamente começado a refletir a nova forma de correção política, antialemã e antieuropeia, do país: no aniversário de 1917, por exemplo, ela organizou uma exposição que retratava a Revolução Russa como nada mais que uma operação da inteligência alemã.

Não falamos sobre a corrupção ou sobre as várias maneiras — documentadas pela Reuters, pelo *Financial Times* e por outros — pelas quais os amigos de Orbán se beneficiaram pessoalmente dos subsídios europeus e da prestidigitação legislativa. O método de Orbán funciona: fale sobre questões emocionais. Apresente-se como defensor da civilização ocidental, especialmente no exterior. Dessa maneira, ninguém notará o nepotismo e a corrupção no ambiente doméstico.

Tampouco, no fim das contas, descobri muito sobre os motivos de Schmidt. Tenho certeza de que seu orgulho nacional é sincero. Mas ela realmente acredita que a Hungria enfrenta uma grave ameaça existencial na forma de George Soros e alguns sírios invisíveis? Talvez ela seja uma daquelas pessoas que conseguem se persuadir a acreditar no que é vantajoso acreditar. Ou talvez seja tão cínica em relação a seu lado quanto é em relação a seus oponentes, e isso tudo seja somente um jogo elaborado.

Há vantagens em sua posição. Graças a Orbán, ela tem há quase duas décadas o financiamento e o apoio político necessários para manter não somente seu museu, mas também dois institutos históricos, dando-lhe um poder único para modelar a maneira como os húngaros lembram de sua história, um poder que ela adora. Nesse sentido, ela realmente lembra o escritor francês Maurice Barrès, um dos *clercs* de Julien Benda. Embora Barrès tenha começado como "cético intelectual", escreveu Benda, "sua prosperidade cresceu cem vezes, ao menos em seu próprio país, quando ele se tornou apóstolo dos 'preconceitos necessários'".[16] Barrès adotou a política extremista de direita e se tornou rico e famoso no processo. O furioso anticolonialismo de Schmidt também a ajudou.

Talvez seja por isso que ela jogue tão cuidadosamente, sempre se mantendo no lado certo do partido governante. Depois que nos encontramos, ela publicou em seu blog, sem minha permissão, uma transcrição fortemente editada de nossa conversa, confusamente apresentada como sua entrevista comigo e que parecia tentar provar que ela "vencera" a discussão. A transcrição também foi publicada, em inglês, no site oficial do governo húngaro.

Tente imaginar a Casa Branca publicando a transcrição de uma conversa entre, digamos, o diretor do Instituto Smithsoniano e um crítico estrangeiro de Trump e você entenderá quão estranho é isso tudo. Mas, quando vi a transcrição, entendi por que ela concordara com a entrevista: fora uma performance com o intuito de provar para outros húngaros que ela é leal ao regime e está disposta a defendê-lo. O que é verdade.

III

O futuro da nostalgia

O leitor que chegou até aqui — vadeando pelas águas profundas da política polonesa e húngara, conhecendo várias pessoas com nomes difíceis de pronunciar — pode estar tentado a achar que essas são histórias meramente regionais. Muitos podem imaginar que a crise da democracia europeia é algum tipo de problema "oriental" exclusivo dos "antigos países comunistas" que ainda sofrem com a ressaca de 1989. Alguns também atribuem o novo autoritarismo na Europa Oriental a uma falha regional mais ampla em lidar com o legado do passado.

Mas essa explicação é inadequada, pois esses movimentos são novos. Não houve onda autoritária, nacionalista e antidemocrática na Europa central após 1989, com exceção da ex-Iugoslávia. Ela surgiu mais recentemente, na última década. E não por causa de algum místico "fantasma do passado", mas como resultado de ações específicas de pessoas que não gostavam de suas democracias. Não gostavam delas porque eram fracas, imitativas, indecisas ou individualistas demais — ou porque essas pessoas não avançavam rapidamente o bastante em seu interior. Não há nada "oriental" no ressentimento de Jacek Kurski pelo sucesso de seu irmão e em sua crença de que merecia mais. Não há nada "pós-comunista" na transformação de Mária Schmidt de dissidente em delatora: essas histórias são muito antigas e pertencem ao Ocidente tanto quanto ao Oriente. Não há nada especial, nesse sentido, nas terras entre Moscou e Berlim.

Uma bela noite, em um restaurante de frutos de mar de uma praça feia de Atenas, descrevi minha festa de Ano-Novo de 1999 a um cientista político grego. Ele riu discretamente de mim. Ou melhor, riu comigo; ele não tinha a intenção de ser mal-educado. Mas a coisa que eu chamava de polarização não era nova. "O momento liberal pós-1989 foi uma exceção", disse Stathis Kalyvas.[1] A unidade é a anomalia. A polarização é normal. O ceticismo sobre a democracia liberal também é normal. E o apelo do autoritarismo é eterno.

Kalyvas é, entre outras coisas, autor de vários livros muito conhecidos sobre guerras civis, incluindo a guerra civil grega da década de 1940, um dos muitos momentos da história europeia nos quais grupos políticos radicalmente divergentes pegaram em armas e começaram a matar uns aos outros. Mas, mesmo em seus melhores momentos, *guerra civil* e *paz civil* são termos relativos na Grécia. Uma brutal junta militar governou o país entre 1967 e 1974; houve violentos tumultos em Atenas em 2008; alguns anos depois, um partido de extrema esquerda chegou ao poder, em coalizão com um partido de extrema direita. No momento de nossa conversa, a Grécia passava por um período centrista. Subitamente, estava na moda ser "liberal", disseram-me várias pessoas em Atenas, com o que queriam dizer nem comunista, nem autoritário. Os jovens moderninhos se autointitulavam "neoliberais", adotando um termo que fora anátema somente alguns anos antes. Essa moda pegou: um ano após minha visita, um centrista liberal, Kyriakos Mitsotakis, venceu as eleições e se tornou primeiro-ministro.

Ainda assim, mesmo os centristas mais otimistas não estavam convencidos da mudança. "Sobrevivemos aos extremistas de esquerda", refletiram várias pessoas sombriamente, "e agora nos preparamos para os extremistas de direita." Um terrível argumento havia muito permanecia sobre o status da Macedônia do Norte, a ex-República iugoslava vizinha da Grécia; logo após minha partida, o governo grego expulsou alguns diplomatas russos por tentarem fomentar a histeria anti-Macedônia no norte do país. Qualquer que seja o equilíbrio atingido no país, sempre há alguém, em casa ou no exterior, com razões para perturbá-lo.

O FUTURO DA NOSTALGIA

Na Grécia, a história parece circular. Agora há democracia liberal. Mas, em seguida, pode haver oligarquia e, depois, democracia liberal novamente. Então pode haver subversão estrangeira, uma tentativa de golpe, uma guerra civil, uma ditadura ou, talvez, uma nova oligarquia. Será assim porque sempre foi assim, desde a República ateniense original.

A história subitamente também parece circular em outras partes da Europa. A divisão que estilhaçou a Polônia se parece com a que destruiu a Alemanha de Weimar. A linguagem usada pela direita radical europeia — a demanda por "revolução" contra as "elites", os sonhos de violência "purificadora" e de conflito cultural apocalíptico — é estranhamente similar à linguagem outrora usada pela esquerda radical europeia. A presença de intelectuais insatisfeitos e descontentes — pessoas que sentem que as regras não são justas e que as pessoas erradas têm influência — não é sequer unicamente europeia. Moisés Naím, o escritor venezuelano, visitou Varsóvia alguns meses depois de o Partido Lei e Justiça chegar ao poder. Ele me pediu para descrever os novos líderes poloneses: que tipo de pessoas eram eles? Respondi com alguns adjetivos: *furiosos, vingativos, ressentidos.* "Eles se parecem com os chavistas", disse ele. Visitei a Venezuela no início de 2020 e fiquei impressionada com as várias maneiras pelas quais ela se parece não somente com os antigos Estados marxista-leninistas, mas também com os novos regimes nacionalistas. Catástrofe econômica e fome silenciosa e encoberta de um lado; ataques ao estado de direito, à imprensa, à academia e às míticas "elites" de outro. A televisão estatal exibe repetidamente propaganda e mentiras descaradas; a polarização é tão profunda que está visível na própria geografia de Caracas. Nesse sentido, a cidade me lembrou não somente a Europa Oriental no passado, mas também algumas partes do mundo ocidental no presente.

Quando as pessoas rejeitam a aristocracia, já não acreditam na liderança herdada no nascimento e já não presumem que a classe governante é endossada por Deus, o argumento sobre quem deve governar — quem é a elite — jamais chega ao fim. Durante muito tempo, algumas pessoas na Europa e na América do Norte concordaram com a ideia de que várias formas de competição democrática, meritocrática e econômica eram a alternativa mais justa ao poder herdado ou ordenado. Mas, mesmo em países que jamais foram ocupados pelo Exército Vermelho ou governados por populistas latino-americanos, a democracia e os mercados livres podem produzir resultados insatisfatórios, especialmente quando mal regulados, quando ninguém confia nos reguladores ou quando as pessoas que entram na competição vêm de pontos de partida muito diferentes. Mais cedo ou mais tarde, os perdedores sempre acabam questionando o valor da própria competição.

Mais especificamente, os princípios da competição, mesmo quando encorajam o talento e criam mobilidade ascendente, não respondem a questões mais profundas sobre identidade nacional ou pessoal. Eles não satisfazem o desejo por unidade e harmonia. Acima de tudo, não satisfazem o desejo de alguns de pertencerem a uma comunidade especial, única, *superior*. Esse problema não ocorre somente na Polônia, na Hungria, na Venezuela ou na Grécia. Pode ocorrer em algumas das mais antigas e seguras democracias do mundo.

Conheci Boris Johnson certa noite em Bruxelas, há muito tempo, na companhia de meu marido, que foi seu amigo em Oxford — embora *amigo* seja um termo ambíguo. Para ser mais precisa, ambos foram membros do Clube Bullingdon, uma instituição única de Oxford na época *Memórias de Brideshead* da década de 1980, quando a Merchant Ivory produziu *Verão vermelho* e a princesa Diana se casou na Catedral de São Paulo. Não acho que os membros do Bullingdon fossem necessariamente "amigos": eles eram rivais e bebiam juntos, mas não acho que chorassem no ombro uns dos outros quando as coisas ficavam difíceis.

Se não tivesse produzido dois primeiros-ministros — Johnson e David Cameron — e um chanceler do Tesouro, o Bullingdon teria caído em merecida obscuridade quando a era Merchant Ivory chegou ao fim e o príncipe e a princesa de Gales se divorciaram. Mesmo na década

O FUTURO DA NOSTALGIA   55

de 1980, ele já estava se transformando em paródia, tendo sido alvo de
zombaria meio século antes, no romance de Evelyn Waugh, *Declínio
e queda*, de 1928. O livro começa com a famosa descrição da reunião
anual do "Clube Bollinger":

> Uma nota estridente podia ser ouvida no quarto de Sir Alis-
> tair; qualquer um que já tenha ouvido esse som se encolherá
> ao lembrar dele; é o som das famílias inglesas do condado,
> gritando por causa dos vidros quebrados...[2]

Sei que alguns colegas de Johnson se sentem profundamente constrangi-
dos por causa do Bullingdon, com seu uniforme de dândis da Regência
— casaca, colete de seda amarelo, gravata-borboleta azul —, suas reuniões
regadas a champanhe resultando em móveis e vidros quebrados e suas
pretensiosas, ou supostas, ligações com a velha aristocracia. Mas outros,
e acho que tanto Johnson quanto meu marido estão nessa categoria,
lembram-se do clube como um tipo de piada. Com poucas exceções,
seus membros não eram realmente aristocratas; ou, se eram, não de
um tipo muito grandioso. O próprio Johnson é filho de um burocrata
da UE e passou grande parte da infância em Bruxelas. Radek era um
refugiado da Polônia comunista, embora dotado de senso de humor
britânico. Ambos brincavam com as antigas formas do sistema de classes
inglês, interpretando alguns de seus papéis porque isso os divertia. Eles
gostavam do Bullingdon não a despeito da brutal paródia de Waugh,
mas por causa dela.

Quando jantamos com Johnson, ele estava em Bruxelas como correspondente do *Daily Telegraph,* o jornal do Partido Tory britânico. Após
apenas alguns anos no emprego, já fizera seu nome. Sua especialidade
eram divertidas matérias construídas em torno de um grão (às vezes,
menos que um grão) de verdade que zombavam da UE e invariavelmente
a retratavam como fonte de loucura regulatória. Elas tinham títulos como
"Ameaça às salsichas rosadas britânicas". E repetiam (falsos) rumores de

que os burocratas de Bruxelas proibiriam os ônibus de dois andares ou os salgadinhos sabor camarão. Embora fossem piada para aqueles que conheciam os fatos, elas causavam impacto. Outros editores exigiam que seus correspondentes em Bruxelas encontrassem o mesmo tipo de história e os tabloides corriam para acompanhá-las. Ano após ano, esse tipo de matéria ajudou a construir a desconfiança pela UE que pavimentou o caminho, muitos anos depois, para o Brexit. Johnson estava consciente desse impacto e se deliciava com ele. "Eu estava jogando pedras sobre o muro do jardim e ouvindo aquele incrível estilhaçar na estufa da Inglaterra", disse ele à BBC anos depois, em uma entrevista extraordinariamente franca: "Tudo que eu escrevia em Bruxelas tinha um incrível efeito explosivo no Partido Tory, e suponho que isso me dava uma estranha sensação de poder."[3]

O "incrível estilhaçar" em Londres também vendia jornais, e isso explica por que Johnson foi tolerado com humor por tanto tempo. Mas havia outra razão: as matérias não inteiramente acuradas apelavam aos instintos mais profundos de certos conservadores nostálgicos, leitores e editores do *Daily Telegraph,* do *Sunday Telegraph* e da revista *Spectator,* todos os três de propriedade do mesmo empresário canadense, Conrad Black. Eu conhecia esse mundo muito bem. Em diferentes épocas, escrevi colunas para o *Telegraph* e para o *Sunday Telegraph* e trabalhei na *Spectator,* inclusive como editora assistente, de 1992 a 1996, em uma época na qual a revista era dirigida por Dominic Lawson, um editor brilhante, dos melhores que já conheci. Na época, a *Spectator* tinha um escritório feio na rua Doughty, que pedia por uma reforma havia décadas. Mesmo assim, nossas festinhas e almoços que duravam a tarde inteira atraíam uma variedade excêntrica de convidados grandiosos, de Alec Guinness e Clive James a Auberon Waugh — o filho de Evelyn — e à duquesa de Devonshire.

Naquela época, o tom de toda conversa e reunião editorial era malicioso e toda conversa profissional era divertida; não havia um momento no qual as brincadeiras chegavam ao fim ou a ironia era abandonada. Mesmo os artigos mais diretos tinham manchetes fabulosamente espirituosas. Lawson sugeriu aquela de que me lembro melhor, para um artigo indubitavelmente sério sobre a Polônia: "Gdansking em gelo fino" [um trocadilho com a cidade polonesa de Gdansk e *skiing*, esquiando]. Aquele era um momento histórico incomum, no qual Enoch Powell, um controverso político tory da geração anterior, fortemente contrário à imigração, era simultaneamente convidado de almoços, autoridade reverenciada e, de certo modo, alvo de zombaria. Jornalistas e membros do Parlamento (MPs) tories competiam em torno da mesa de jantar para ver quem fazia a melhor imitação de Enoch. Talvez ainda façam isso.

Seria profundamente imprudente dizer que as pessoas que gravitavam em torno da *Spectator* — se é que se pode dizer que faziam algo tão entusiástico quanto "gravitar" — realmente sentiam nostalgia pelo passado imperial britânico. Ninguém, na década de 1990, queria a Índia de volta, e ninguém a quer hoje em dia. Mas havia nostalgia por outra coisa: um mundo no qual a Inglaterra criava as regras. Ou talvez a expressão "nostalgia" seja incorreta, porque meus amigos na *Spectator* não acreditavam estar olhando para trás. Eles achavam que ainda era possível que a Inglaterra criasse as regras — de comércio, economia, política externa —, desde que seus líderes pegassem o touro pelos chifres, cerrassem os dentes e fizessem sua parte.

No fundo, agora acho que era disso que eles realmente gostavam em Margaret Thatcher: ela saía no mundo e fazia as coisas acontecerem. Eles gostaram quando ela deu uma bolsada nos europeus, exigiu a redução do orçamento da UE e enviou uma força-tarefa para retomar as ilhas Falkland. Algumas das coisas que realizou se mostraram puramente simbólicas ou não muito úteis — as ilhas Falkland são um pedaço de território que ninguém visitou ou no qual pensou muito desde o fim da guerra —, mas seus atos desafiadores e sua determinação de ser alguém que toma decisões, e não somente uma negociadora, renderam-lhe admiração.

O CREPÚSCULO DA DEMOCRACIA

Na época, acho que meus amigos também acreditavam em expandir a democracia e o livre-comércio por toda a Europa, e talvez tenham feito isso. Thatcher certamente fez. A luta contra o comunismo foi uma batalha real que, tanto retórica quanto geoestrategicamente, ela ajudou a vencer. O Mercado Único Europeu — a vasta zona de comércio na qual as regulamentações são coordenadas para que a fabricação e a troca de mercadorias ocorram ininterruptamente em todo o continente — foi ideia dela e, em grande parte, produto da diplomacia britânica. Ele permanece sendo o mais extenso e profundo acordo de livre-comércio já concebido, e é precisamente por isso que a ala esquerdista e protecionista do espectro político europeu sempre o detestou.

Mais recentemente, passei a suspeitar que a "democracia", ao menos como causa internacional, era muito menos importante para certo tipo de conservador nostálgico que a manutenção de um mundo no qual a Inglaterra continuaria a ter papel privilegiado: um mundo no qual seria não somente uma potência comum de tamanho médio, como a França e a Alemanha, mas *especial* e até mesmo superior. Foi parcialmente por isso que alguns conservadores nostálgicos sempre desconfiaram do Mercado Único que a Grã-Bretanha tanto fez para ajudar a criar. Para eles, era simplesmente inaceitável que, no século XXI, a Inglaterra, em sua opinião o único país europeu que realmente podia reivindicar vitória na Segunda Guerra Mundial — pois jamais foi invadido, jamais se rendeu e escolheu o lado certo desde o início —, só pudesse criar regulamentações em conjunto com outros países europeus. E estou falando da Inglaterra, não da Grã-Bretanha. Embora na década de 1990 os britânicos ainda estivessem lutando contra o IRA em Belfast e meus amigos tories ainda chamassem a si mesmos de "unionistas", o nacionalismo inglês já estava crescendo, paralelamente ao nacionalismo escocês, que finalmente levaria à devolução da Escócia e a pedidos pela independência escocesa alguns anos depois.

Em retrospecto, está claro que muito do que meus amigos disseram e escreveram na época sobre o Mercado Único era, como as colunas de

O FUTURO DA NOSTALGIA

Johnson no *Telegraph*, fantasioso. Ninguém na UE impôs regras à Grã-Bretanha: as diretivas europeias foram determinadas por negociação e aceitas por um representante ou diplomata britânico. Embora o Reino Unido não tenha vencido todas as discussões — nenhum país o fez —, não houve nenhuma "máfia de Bruxelas" forçando-o a fazer coisas que não queria fazer.

Embora isso raramente seja mencionado, o Mercado Único apresentava muitas vantagens, mesmo quando os britânicos perdiam as discussões. Ele transformou a Grã-Bretanha em um dos mais poderosos participantes do bloco econômico mais poderoso do mundo, deu-lhe mais voz em questões de comércio internacional e foi especialmente bom para os empreendedores britânicos. Seus sucessos enfim se provaram um imã para as novas democracias do Leste, ajudando a atrair o mundo ex-comunista para a Europa integrada. Mas nenhuma dessas vantagens conseguiu superar o constrangimento e a irritação de ter de negociar regulamentações com outros europeus, um processo de dar e receber que, é claro, às vezes forçava os britânicos a fazer concessões.

Paradoxalmente, esse mesmo grupo de pessoas estava extremamente feliz em manter uma parceria, mesmo como parceiro júnior, com os Estados Unidos. Em parte porque os Estados Unidos falam inglês e têm raízes históricas na Grã-Bretanha. Em parte também porque, ao contrário da Alemanha ou da França, eram uma superpotência real, e algo de sua glória se refletia no Reino Unido e lisonjeava seus líderes. "Somos gregos e eles são romanos",[4] disse com muito orgulho o primeiro-ministro tory Harold Macmillan na década de 1960. Mesmo hoje, os britânicos passam muito tempo pensando e escrevendo sobre o suposto "relacionamento especial" entre os Estados Unidos e o Reino Unido — com *relacionamento especial* sendo uma expressão muito usada em Londres e raramente mencionada em Washington. Os líderes tories podiam ser desdenhosos em relação à política americana e claramente esnobes em relação a sua cultura pop. Também se sentiam muito céticos quanto a sua política externa. O romance de Graham Greene *O americano tranquilo*, com

60 O CREPÚSCULO DA DEMOCRACIA

seu retrato simultaneamente afetuoso e cruel de um americano idealista e excessivamente entusiástico no Vietnã, talvez seja a melhor expressão dessa complicada ambivalência.[5] Mesmo assim, os Estados Unidos eram um grande parceiro, um parceiro global e adequado aos excepcionais ingleses. Se os americanos estavam dispostos a disseminar a democracia, os ingleses estavam felizes em se unir a eles.

Quando cheguei a Londres no início da década de 1990, tornei-me membro honorário do mundo dos conservadores nostálgicos, talvez por representar a aliança americana que estava na moda. Eu vivera alguns anos na Polônia e escrevera sobre a queda do comunismo e a política no mundo pós-comunista. Também era uma coadjuvante útil, a estrangeira séria sempre tentando fazer com que meus colegas ingleses parassem de fazer piada e escrevessem sobre lugares difíceis como a Rússia ou a China ("Precisamos de algo sério nessa edição: diga para a Anne escrever"). Na maior parte do tempo, eu ficava de fora dos argumentos Reino Unido *versus* União Europeia, porque os outros eram muito mais passionais a respeito. Certa vez, fui até Bruxelas a fim de escrever sobre os membros do Partido Conservador no Parlamento Europeu e descobri que a maioria era composta por excelentes legisladores, informados e conscienciosos. Mas, quanto mais bem-sucedidos eram — quanto mais efetivos em reformar e aprimorar a Europa e fazer com que suas instituições democráticas funcionassem —, mais seu partido os odiava. "Se quiser torturar um tory", concluí, "transforme-o em membro do Parlamento europeu (MPE)." Mesmo naquela época, os conservadores já começavam a se dividir entre os que queriam que a UE fosse bem-sucedida e mais representativa e os que queriam simplesmente sair dela.

Johnson — nascido nos Estados Unidos, como eu, e muito adaptado às ideias americanas — também cresceu naquele mundo excêntrico e meio sonolento. De fato, ele era uma de suas estrelas, capaz de encontrar algo divertido a dizer sobre uma tediosa cúpula europeia em um dia e entreter a plateia em um programa de perguntas e respostas na TV no dia seguinte. Mas, em certo momento, nós dois começamos a procurar

O FUTURO DA NOSTALGIA 61

outras coisas para fazer. Eu voltei à Polônia em 1997 e comecei a escrever livros de história; ele concorreu ao Parlamento. Mais tarde, tornou-se prefeito de Londres, mas logo ficou entediado novamente. Em 2013, disse a um entrevistador que o gabinete da prefeitura parecia muito distante da Câmara dos Comuns, onde as coisas realmente aconteciam. "Estou tão isolado que sou como o coronel Kurtz. Subi o rio",[6] disse ele, antes de apressadamente garantir ao entrevistador que essa era a única coisa que tinha em comum com o herói psicopata de *Apocalypse Now*. Na mesma entrevista, repetiu uma metáfora de rúgbi que já usara antes. Como sempre, disse que não tentava ativamente assumir a liderança do partido — mas, se alguém "soltasse a bola durante o *scrum*", ele não se importaria em pegá-la.

Desde então, muitas pessoas apontaram seu grande narcisismo, que é de fato desmedido, assim como sua igualmente notável preguiça. Sua propensão a fabricações está bem registrada. Ele foi demitido do *Times* (de Londres) no início da carreira por inventar citações, e do gabinete paralelo em 2004 por mentir. Sua aura de desamparo cuidadosamente construída também esconde um laivo de crueldade: Johnson destruiu primeiro um, depois outro casamento — o segundo durou 25 anos — e a vida de várias mulheres com uma série de traições públicas extraordinariamente ousadas.

Mas não há por que negar que ele também possui uma forma excepcional de carisma, uma cordialidade que atrai as pessoas e as coloca à vontade, assim como uma compreensão intuitiva do humor da plateia. Certa vez, após vários anos sem vê-lo, eu o encontrei na City, o distrito financeiro de Londres. Ele era prefeito e estava andando de bicicleta. Eu acenei, ele parou, eu comentei sobre a incrível coincidência e sugeri um drinque em um pub. Quando abrimos a porta, ele murmurou "Ah, não, eu esqueci disso" antes que várias pessoas se amontoassem a nossa volta pedindo selfies. Ele tirou algumas e nós nos sentamos para conversar. Quando ele se levantou para ir embora, o mesmo aconteceu novamente.

Dois outros encontros com Johnson me vêm à mente, ambos enquanto ele ainda era prefeito. Em 2014, eu o ouvi discursar sobre a antiga Atenas. Ao contrário de muitos de seus pronunciamentos *ad hoc*, aquele foi coerente, talvez porque ele o tivesse escrito antecipadamente. Gesticulando com a taça de vinho tinto na mão, ele elogiou Atenas, falando de sua "cultura de liberdade, abertura, tolerância, experimentação intelectual e democracia" e deixando clara a analogia com a Londres moderna. Em contraste, também falou de Esparta, comentando que, como previsto por Péricles, aquela sociedade dura, conformista e militarista não deixou ruínas elegantes. Ele alertou contra os novos espartanos e falou do "desafio global às liberdades democráticas" representado pelos novos autoritários.[7] As pessoas aplaudiram, genuinamente comovidas.

Por volta da mesma época, fui jantar com Johnson e algumas outras pessoas, e terminamos conversando sobre o possível referendo acerca da filiação britânica à UE, que estava no ar. "Nenhuma pessoa séria quer deixar a UE", disse ele. "O mundo empresarial não quer isso. A City não quer isso. Não vai acontecer." Foi isso que ele disse quando era o prefeito liberal de uma cidade britânica grande, moderna e multicultural, que florescia graças a suas profundas conexões com o mundo externo.

Mesmo assim, ele escolheu o Brexit durante a campanha do referendo. E o apoiou com a mesma radiante despreocupação e a mesma desconsideração pelas consequências que demonstrara como jornalista e em sua vida privada. Ele continuou a contar piadas e histórias. Calculou que o Brexit perderia. Enviou uma mensagem de texto ao primeiro-ministro David Cameron dizendo: "O Brexit será esmagado como um sapo debaixo do rastelo."[8] Mas apoiá-lo o transformou em herói entre os eurocéticos tories que suas matérias haviam cativado no passado. E, nesse sentido, seu cálculo foi correto, embora talvez não da maneira como ele esperava.

No progresso "normal" de eventos — em um mundo sem Brexit —, Boris Johnson poderia jamais ter sido primeiro-ministro. O partido que elegeu David Cameron — um centrista moderado, dedicado a "desintoxicar" o Partido Tory após uma série de líderes de ar enraivecido — teria

O FUTURO DA NOSTALGIA

problemas em escolher alguém tão arriscado quanto Johnson, com sua história de gafes, demissões e escândalos sexuais. Johnson se tornou líder porque o partido já não sabia o que fazer. O *scrum* ocorrera e alguém realmente soltara a bola.

O desespero começou após o referendo de 2016, cujo resultado não me surpreendeu. Algumas noites antes da votação, participei de um jantar durante o qual todo mundo escreveu suas predições, com uma caixa de vinho prometida ao vencedor. Meu palpite foi de que a saída da UE venceria por 52 a 48. E venceu. Jamais tive coragem de ir buscar o vinho, porque o anfitrião trabalhara arduamente durante a campanha para permanecer na UE e estava devastado com o resultado. Mas o Partido Tory definitivamente ficou surpreso. A liderança tory — os lordes, os chefes do partido, os *whips* no Parlamento, o gabinete central, os que queriam e os que não queriam o Brexit — estava totalmente despreparada para sequer pensar em deixar a UE, a organização que formara e modelara a economia e a diplomacia britânicas e o papel da Grã-Bretanha no mundo desde a década de 1970. Johnson tampouco estava preparado.

Em 2019, a situação era muito pior. Os tories haviam enfrentado três anos da catastrófica liderança de Theresa May, outra pessoa que, no curso normal das coisas, provavelmente jamais teria sido primeira-ministra. Muito rapidamente, ela correspondeu às piores expectativas de todos, cometendo uma série de erros imperdoáveis. Ela invocou o artigo 50, o mecanismo legal para sair da UE — uma decisão que disparou um timer de dois anos —, antes de entender o que o Brexit realmente acarretava. Convocou uma desnecessária eleição parlamentar em 2017 e perdeu a maioria. Pior de tudo, estabeleceu os termos para o destrutivo debate sobre o Brexit. No início dos eventos, May poderia ter observado que o referendo fora muito apertado, que os laços comerciais e políticos da Grã-Bretanha com a Europa eram muito fortes e que faria sentido conduzir um Brexit "inteligente", e não "tolo": o Reino Unido poderia permanecer no Mercado Único, uma ideia britânica; ou, no mínimo, no interior de uma união alfandegária.

Em vez disso, usando a polarizada linguagem de Brexit "duro" ou "suave", ela optou pelo primeiro e escolheu sair de ambas as instituições. Sua decisão foi instantaneamente aplaudida por todos que queriam que o grito britânico fosse mais alto no mundo. Também gerou, justamente no momento em que muitos tories ingleses haviam perdido o interesse em Belfast, o insolúvel problema da fronteira entre a Irlanda do Norte e a República da Irlanda. Como tanto o norte quanto o sul da ilha da Irlanda faziam parte da UE, já não havia fronteira real. O governo irlandês, com apoio da UE, recusou-se a permitir que uma nova fronteira fosse instituída, mas isso significava que todo o Reino Unido teria de ficar no interior de alguma forma de união alfandegária com a UE ou que a Irlanda do Norte teria de seguir regras diferentes do restante do Reino Unido.

Cada uma dessas soluções era inaceitável para alguém. A contenda durou meses e meses. Sem consultar ninguém, sem fazer nenhum esforço para chegar aos outros partidos políticos e sem exibir nada parecido com habilidade política, May não conseguiu que a saída fosse aprovada pelo Parlamento em três votações diferentes, adiou o Brexit duas vezes e então renunciou.

Os tories começaram a perder apoio e quase foram eliminados nas eleições parlamentares europeias em maio de 2019. Somente quatro tories, abandonados e ainda torturados, permaneceram como MPEs. O partido precisava de um novo líder, de alguém que pudesse unir as várias alas, implementar o Brexit e reconquistar o apoio popular. Também precisava de alguém que pudesse contar histórias, fazer rir e recuperar a sensação de superioridade inglesa. Eles foram atrás do piadista.

A nostalgia, escreveu a artista e ensaísta russa Svetlana Boym em seu elegante livro *The Future of Nostalgia* [O futuro da nostalgia], ocorre em duas formas. Alguns são cativados pela nostalgia "reflexiva"[9] do emigrado ou do esteta, que apela aos colecionadores de cartas amareladas e fotografias em sépia, a nostalgia daqueles que gostam de

O FUTURO DA NOSTALGIA 65

igrejas antigas, ainda que jamais compareçam às missas. Os nostálgicos reflexivos sentem falta do passado e sonham com ele. Alguns estudam e mesmo se enlutam pelo passado, especialmente seu passado pessoal. Mas não querem realmente seu retorno. Talvez porque, lá no fundo, saibam que a antiga propriedade rural está em ruínas ou foi reformada até se tornar irreconhecível ou porque reconheçam que não gostariam muito dela de qualquer forma. Era uma vez um tempo no qual a vida podia ser mais doce ou mais simples, mas também mais perigosa, tediosa ou injusta.

Radicalmente diferentes dos nostálgicos reflexivos são os que Boym chama de nostálgicos restauradores, que nem sempre se reconhecem como nostálgicos. Eles não se limitam a contemplar fotografias antigas e reconstruir histórias familiares. São criadores de mitos, arquitetos, construtores de monumentos e fundadores de projetos políticos nacionais. Não querem apenas contemplar o passado ou aprender com ele. Querem, como diz Boym, "reconstruir o lar perdido e remendar os furos na memória". Muitos deles não reconhecem suas ficções sobre o passado pelo que são: "Eles acreditam na veracidade de seus projetos." Não estão interessados em um passado cheio de nuances, em um mundo no qual grandes líderes são homens falhos e vitórias militares famosas têm efeitos colaterais mortais. Não reconhecem que o passado pode ter desvantagens. Querem a versão caricata da história e, mais importante, querem viver nela hoje. Não querem interpretar papéis do passado porque eles os divertem; querem se comportar como acham que seus ancestrais se comportavam, sem ironia.

Não é por acidente que a nostalgia restauradora frequentemente se faz acompanhar por teorias da conspiração e mentiras médias. Elas não precisam ser cruéis ou insanas como a teoria da conspiração de Smolensk ou de Soros; podem ser bodes expiatórios gentilmente evocados, em vez de uma realidade totalmente alternativa. No mínimo, podem oferecer uma explicação: a nação já não é grandiosa porque alguém a atacou, minou, roubou sua força. Alguém — os imigrantes, os estrangeiros, as elites, a

UE — perverteu o curso da história e reduziu a nação a uma sombra de seu antigo eu. Sua identidade essencial foi removida e substituída por algo barato e artificial. No fim das contas, aqueles que buscam o poder baseado na nostalgia restauradora cultivam essas teorias da conspiração, histórias alternativas ou fábulas, sejam elas baseadas em fatos ou não.

O conceito de "nostalgia restauradora" está relacionado a outras emoções. O historiador germano-americano Fritz Stern (ele mesmo um "migrante": sua família judaica trocou Breslau por Nova York em 1937) escreveu sobre um fenômeno paralelo, que chamou de "desespero cultural".[10] Em seu primeiro livro, publicado na década de 1960, ele escreveu curtas biografias de vários homens — todos intelectuais alemães do século XIX, vivendo em um período de intensas mudanças sociais, políticas e econômicas — que foram afligidos por esse desespero. Um deles foi um obscuro historiador de arte alemão, Julius Langbehn, cujo livro *Rembrandt as Educator* [Rembrandt como educador] começava assim:

> Gradualmente se tornou um segredo conhecido por todos que a vida espiritual contemporânea do povo alemão está em estado de lenta decadência; de acordo com alguns, rápida decadência. A ciência por toda parte se dissipou em especialização; no campo do pensamento e da literatura, indivíduos criadores de épocas estão ausentes [...] Sem dúvida a tendência democratizante, niveladora, atomística deste país se expressa em tudo isso.[11]

Publicado em 1890, o retrato do pintor holandês feito por Langbehn não era uma biografia ou uma crítica, mas um tratado quase filosófico, uma polêmica ampliada. Rembrandt, em sua visão, representava um ideal, "a mais elevada forma de vida, arte e individualidade". Também representava algo perdido: em contraste com ele, os homens modernos, especialmente os alemães modernos, eram "pigmeus", homens sem conexão com o passado ou o solo. Eram "democratas" no sentido pejorativo, homens comuns sem ideais, sonhos ou talentos.

O FUTURO DA NOSTALGIA

Langbehn tampouco tinha fé nas principais mentes de sua época. Ele não gostava de ciência, tecnologia e modernidade. Preferia arte, espontaneidade e uma existência mais autêntica, como ele achava que Rembrandt tivera. Também não gostava de judeus, especialmente os seculares, que não tinham "religião, caráter ou casa" e representavam a falta de raízes da vida contemporânea. Mas esse não era seu tema mais importante. Seu livro estava permeado de nostalgia por uma época diferente, melhor, na qual os homens eram ativos, não passivos, e os grandes líderes podiam deixar sua marca no mundo. Embora caoticamente escrito e apenas distantemente relacionado à vida real do artista, *Rembrandt as Educator* foi um grande best-seller. Ele encontrou ressonância na Alemanha em rápida industrialização do século XIX, contribuindo para uma onda de nostalgia restauradora muito antes da violência em massa da Primeira Guerra Mundial e da humilhante derrota que se seguiu.

Em algum momento entre a década de 1990 e a década de 2010, alguns tories britânicos — jornalistas, escritores e políticos — também foram tomados por algo que se parece muito com o desespero cultural que Stern identificou em Langbehn. Isso começou muito antes do referendo do Brexit, provavelmente no fim do thatcherismo, que coincidiu com o fim da Guerra Fria, o qual, em retrospecto, foi um momento de virada mais importante para a Grã-Bretanha do que compreendemos na época. O conflito contra o comunismo oferecera aos conservadores britânicos, juntamente com seus aliados americanos, a chance de fazer parte de uma cruzada moral muito bem-sucedida; em 1989, quando o Muro de Berlim foi derrubado e o regime comunista desmoronou rapidamente, eles se sentiram vingados. Os combatentes da Guerra Fria eram impopulares. Eles haviam sido escarnecidos pela esquerda, incluindo muitos de seus pares, nas universidades, na imprensa e na política. Mas haviam mantido a fé. E agora tinham provas de que Thatcher estava certa. Juntos, haviam lutado contra aqueles que se sentiam fascinados pelo comunismo — e vencido.

Mas, quando tudo acabou, criou-se um vácuo. Todas as outras causas subitamente pareciam menos importantes e glamorosas. O primeiro-

-ministro John Major, sucessor de Thatcher, manteve-se no cargo por sete anos e, como o presidente George H. W. Bush, desempenhou papel importante na reunificação da Europa pós-guerra. Mas, embora Major fosse um *self-made man* do tipo que eles diziam admirar, assim como alguém que falava de modo evocativo, e mesmo nostálgico, sobre o passado inglês, os conservadores nostálgicos o odiavam. Parte disso podia ser esnobismo: Major nunca frequentou a universidade. Mas também o odiavam porque, ao contrário de Thatcher, ele não tentou conduzir uma cruzada moral. Não promoveu um programa de reforma econômica transformador nem pediu mudanças revolucionárias. Após a turbulência dos anos Thatcher, ele achou que bastava governar com discrição, da centro-direita, em cooperação com os aliados europeus e os Estados Unidos. Foi popular o suficiente no país para ser reeleito em 1992, mas não inspirou grande admiração entre aqueles que deveriam ser sua base intelectual. Na festa no hotel Savoy para celebrar a eleição de Conrad Black, observei um desanimado grupo de editores conservadores e financiadores do Partido Tory comerem ostras, beberem champanhe e murmurarem sobre sua surpresa.

A eleição de Tony Blair empurrou a nostalgia reflexiva do Partido Conservador ainda mais para as sombras. Blair foi, de muitas maneiras, o mais importante pupilo de Thatcher, como o biógrafo dela, Charles Moore, deixou claro.[12] Ele aceitou a necessidade de mercados livres, adotou a parceria com os Estados Unidos, levou o Partido Trabalhista para o centro e o manteve no poder por doze anos. Mas não tinha 1 grama de nostalgia no corpo. Não ligava para o quanto a Inglaterra era especial. Em vez disso, promoveu a modernidade, adotou mudanças sociais, encorajou a integração econômica com a Europa e o mundo e descentralizou o poder de Londres ao criar o Parlamento escocês e a Assembleia galesa, enfraquecendo a voz inglesa na política nacional. Ele concordou com uma série de compromissos que puseram fim ao prolongado conflito na Irlanda do Norte. Entre outras coisas, teve sucesso porque as pessoas no norte que se sentiam "irlandesas" puderam, graças à UE, ter passaportes irlandeses. Esse turvamento da soberania finalmente levou à paz.

O FUTURO DA NOSTALGIA 69

Para os conservadores nostálgicos, Blair foi um desastre. O clima triunfante da década de 1980 deu lugar à raiva. Quase ninguém sentia mais raiva que Simon Heffer, brilhante historiador e colunista, editor assistente da *Spectator* no início dos anos 1990 — meu predecessor direto no cargo — e, por muitos anos, amigo generoso e leal. Simon, cujo amor pela literatura, pela música e pelos filmes britânicos é profundo e genuíno, levou-me ao único jogo de críquete ao qual já compareci e me apresentou às comédias Ealing, um conjunto de filmes cultos e divertidos produzidos nas décadas de 1940 e 1950, alguns dos quais assisti em sua casa. Sou madrinha de um de seus filhos, assim como Ania Bielecka é madrinha de um dos meus. Durante a maior parte do tempo em que trabalhamos juntos, ele atacou de forma enérgica, embora de modo relativamente bem-humorado, John Major, a UE e o estado da Grã--Bretanha moderna. Em meados da década de 2000, quando eu estava fora do país e o via somente ocasionalmente, vários anos de liderança do Partido Trabalhista o deixaram apoplético de raiva. Em 2006 — em um momento no qual era difícil imaginar como qualquer líder conservador poderia ser capaz de derrotar o Partido Trabalhista —, ele escreveu, por exemplo, que "graças a um feliz acidente de nascimento, eu tinha somente 9 anos e meio quando a década de 1960 chegou ao fim":

Digo feliz porque, quando observo um país governado por pessoas dez anos mais velhas e que ainda estão fixadas na autoindulgência cabeluda, fumadora de maconha e cheia de paz e amor pela qual aquela década deprimente ficou famosa, agradeço a Deus por ter escapado [...] Nosso governo de antigos ativistas estudantis [...] permanece totalmente paralisado por seus preconceitos juvenis e totalmente tedioso a respeito deles. E, mesmo assim, o dano que essas pessoas, em sua falta de sabedoria, infligem à sociedade é enorme e tão corrosivo quanto o flagelo das drogas, em relação às quais, até agora, elas foram tão casuais.[13]

70 O CREPÚSCULO DA DEMOCRACIA

E o problema não eram somente as drogas. Por toda parte, ele via declínio: ascensão do politicamente correto e de uma "onda selvagem de criminalidade". Acima de tudo, escreveu Heffer, no espírito de Langbehn, "a ideia de mérito desapareceu da vida pública". Como seu predecessor alemão, ele lamentou o fato de a era moderna já não produzir grandes líderes. Já não havia sucessores de Churchill ou Thatcher, somente "a autoindulgência cabeluda, fumadora de maconha e cheia de paz e amor" do Partido Trabalhista de Tony Blair. Mesmo quando os conservadores finalmente retornaram ao poder, sua fé na liderança moderna não foi renovada. Logo após a escolha de David Cameron como líder do Partido Tory, Heffer escreveu que Cameron "jamais exibiu a menor centelha de princípios em qualquer momento de sua carreira política".[14] Então repetiu alguma versão dessa mesma frase em muitos artigos durante os sete anos seguintes, até o momento da campanha para o referendo do Brexit. Ele apoiou a saída da UE e chamou Cameron de "mentiroso" um mês antes da votação. No mesmo artigo, denunciou o Reino Unido como "república de bananas" com instituições sem valor.[15]

Heffer pode ter sido apenas cáustico, mas a frustração subjacente a suas palavras não era única. Naquela mesma era, Roger Scruton, grande filósofo conservador e outro velho amigo, escreveu *England: An Elegy* [Inglaterra: uma elegia], um livro genuinamente comovente, belamente escrito e ainda mais profundamente apocalíptico que o jornalismo de Heffer. Conheci Scruton no fim da década de 1980, quando ele gerenciava uma instituição de caridade que enviava dinheiro para dissidentes na Europa Oriental usando estudantes como mensageiros; eu me tornei um deles. Eu o conheci como corajoso crítico do comunismo em uma época na qual isso não estava na moda. Mas *England: An Elegy* tem um tema diferente. Scruton começa explicando que o livro "presta um tributo pessoal à civilização que me criou e está desaparecendo do mundo". Não se trata de uma análise ou de uma história, mas de um "discurso fúnebre", uma "tentativa de entender, da perspectiva

O FUTURO DA NOSTALGIA   71

filosófica, o que perdemos enquanto nosso modo de vida declina". Os capítulos elegantemente compostos prestam tributo a uma Inglaterra morta ou morrendo: cultura, religião, leis e caráter inglês. Trata-se de nostalgia clássica, reflexiva, e termina com uma extraordinária torrente de desespero cultural:

> A antiga Inglaterra, pela qual nossos pais lutaram, foi reduzida a bolsões isolados entre as rodovias. A fazenda familiar, mantendo uma produção diversificada e em pequena escala que era amplamente responsável pela forma e pela aparência da Inglaterra, agora está à beira da extinção. Os vilarejos perderam seus centros, agora cobertos por tábuas pregadas e vandalizados, e as cidades foram praticamente obliteradas por vastas estruturas de aço que, à noite, elevam-se vazias em meio à desolação de concreto e holofotes. O céu noturno já não é visível, pois está coberto por um doentio brilho alaranjado, e a Inglaterra está se tornando uma terra de ninguém, um "lugar qualquer" gerenciado por executivos que visitam os postos avançados brevemente, hospedando-se em hotéis multinacionais às margens desse descampado iluminado.[16]

O amor de Scruton pelas áreas rurais, sua defesa de vida inteira dos estilos arquitetônicos pré-modernos e sua fé nas comunidades e nas instituições locais poderiam tê-lo levado a apoiar a UE, cujas políticas buscam explicitamente proteger e promover os produtos e as marcas registradas da Europa e preservar a arquitetura e a agricultura europeias — e, com elas, as áreas rurais —, às vezes contra as forças de mercado. Ele poderia ter exigido que a UE fizesse mais dessas coisas, ou as fizesse melhor; poderia tê-la visto, como muitos europeus fazem, como baluarte contra um mundo cada vez mais dominado pela China, pelos Estados Unidos e por empresas e bancos globais sem interesse pelas cidadezinhas europeias que ele amava. Mas, como Heffer e muitos outros, ele chegou à conclusão oposta.

No devido tempo, a UE se tornou uma espécie de fixação para os conservadores nostálgicos. Para além de quaisquer criticismos legítimos a suas políticas ou comportamentos — e, é claro, há muitos a fazer —, a "Europa" se tornou, para alguns deles, a personificação de tudo que deu errado, a explicação para a impotência da classe governante, para a mediocridade da cultura britânica, para a feiura do capitalismo moderno e para a falta generalizada de vigor nacional. A necessidade de negociar regulamentações emasculou o Parlamento britânico. Os encanadores poloneses e os analistas de dados espanhóis trabalhando na Grã-Bretanha não eram colegas europeus que partilhavam uma cultura comum, mas imigrantes ameaçando a identidade nacional. Com o passar do tempo, essas visões se tornaram ainda mais profundamente enraizadas, tanto que, aos poucos, criaram novas clivagens, alteraram relacionamentos e modificaram modos de pensar. Em 2012, meu marido fez um discurso durante uma conferência implorando à Grã-Bretanha para não somente permanecer na UE, como também liderá-la. A UE, disse ele, "é uma potência que fala inglês. O Mercado Único foi uma ideia britânica [...] Se quisessem, vocês poderiam liderar a política de defesa da Europa". O discurso foi publicado no *Times;* Heffer me mandou um bilhete zangado a respeito. Mais tarde, escrevi alguns bilhetes zangados para ele também e, durante muito tempo, não nos falamos.

Para aqueles na Inglaterra — e eles estavam principalmente na Inglaterra, não na Escócia, no país de Gales ou na Irlanda do Norte — que viam o mundo através desse prisma, a luta contra a "Europa" lentamente assumiu o caráter de um conflito valoroso, com claros ecos do passado. A cultura popular já estabelecera a Segunda Guerra Mundial como evento central da história moderna, e a campanha do Brexit se adequava perfeitamente a essa narrativa. Dois filmes sobre Churchill e um sobre Dunquerque foram lançados na calmaria entre o referendo e o Brexit. A biografia de Churchill escrita por Andrew Roberts se tornou best-seller em 2018; a escrita por Johnson se saíra muito bem alguns anos antes. Em uma entrevista de 2016, William Cash, um MP tory que dedicou a

O FUTURO DA NOSTALGIA

carreira a tirar a Grã-Bretanha da Europa, comparou a filiação britânica à UE a um "apaziguamento". Na mesma entrevista, aludiu à memória de seu pai, que morrera nas praias da Normandia, e explicou por que não queria viver em uma "Europa governada pela Alemanha".[17] Na última coluna que escreveu antes do referendo, Heffer descreveu a UE, uma organização que a Grã-Bretanha ajudara a liderar por duas gerações, como "potência estrangeira passando por cima de [nossos] tribunais e [nosso] governo eleito". E descreveu o apoio à saída da UE como "surto de consciência nacional que não conhecemos desde a Segunda Guerra Mundial". Invocando o espírito da Blitz, declarou: "Este é nosso momento de grandeza."[18]

Essa guinada na direção da nostalgia restauradora levou Heffer a rejeitar o Partido Conservador muito antes de 2016. Em certo momento da década de 1990, ele me disse que votaria no Partido de Independência do Reino Unido (UKIP), o único movimento político que buscava extrair a Grã-Bretanha da UE, embora, é claro, eu não saiba se ele fez isso ou não; eu me lembro de ter ficado surpresa, porque, na época, jamais ouvira falar do UKIP, que era uma organização muito marginal. Na prática, ele funcionava como o partido do nacionalismo inglês, com seu interesse real sendo a ressurgência inglesa tanto quanto a "independência" britânica. Seu líder e fundador, Nigel Farage, era um rico executivo da City, filho de um corretor de ações, que usava ternos de tweed, deixava-se fotografar bebendo cerveja em pubs e, hipocritamente, alegava falar pelo homem comum e contra a "elite". Ele não partilhava da nostalgia elegíaca e burkeana de Scruton, mas da raiva de Heffer contra as pessoas que governavam a Grã-Bretanha e a empregavam para fins políticos. Não era de modo algum um intelectual, mas alguém que, como um dos *clercs* de Benda, moldava e modelava as ideias de outras pessoas em um projeto político. Os tories inicialmente o condenaram. Então, quando a estrela do UKIP começou a subir, tentaram copiá-lo.

Às vezes, havia um semitom racial nesse tipo de nacionalismo inglês: por definição, não pode haver "ingleses" negros, mesmo que haja britânicos negros. Mas não se tratava realmente da cor da pele. Afinal, o conceito de "inglesidade" também excluía os irlandeses britânicos de Belfast, os escoceses britânicos de Glasgow e todo mundo na franja gaélica do Reino Unido. Seus aderentes chegaram até mesmo a acreditar que, deixar a UE destruiria o Reino Unido — e eles sempre souberam que poderia —, então que fosse. John O'Sullivan, ex-redator de discursos de Margaret Thatcher, também estava disposto a pagar esse preço. "Ah, a Escócia pode se separar", disse-me O'Sullivan há vários anos, "e nós vamos continuar em frente."

Para alguns, o potencial de caos constitucional e político não era somente um efeito colateral lamentável, mas parte do apelo do Brexit. Usando moletom com capuz e óculos escuros, Dominic Cummings tinha um estilo completamente diferente dos conservadores nostálgicos que usavam tweed, sapatos brogue e jaquetas da Barbour. Até onde sei, ele jamais expressou qualquer anseio pelo passado. Mas, sociologicamente, Cummings — um dos marqueteiros da campanha pela saída da UE e depois principal conselheiro de Johnson — estava muito próximo aos conservadores nostálgicos. Ele era marido da editora da *Spectator*, sogro de um baronete e sobrinho de um juiz famoso, com um diploma de ciências humanas em Oxford. Ainda mais importante, partilhava parte dessa sensibilidade, especialmente a crença de que algo essencial na Inglaterra havia morrido. Na fase preparatória da campanha do Brexit e nos meses seguintes, ele escreveu uma série de postagens em seu blog, cheios de jargões tecnológicos e militares, que escarneciam do Parlamento, dos políticos e dos servidores públicos britânicos em uma linguagem muito diferente da de Heffer, mas expressando o mesmo nível de fúria. Ele falou "da disfunção sistêmica de nossas instituições e da influência de incompetentes grotescos" e descreveu as políticas britânicas como "cegos liderando cegos".[19]

Embora jamais empregasse a expressão em relação a si mesmo, Cummings via a Europa nos mesmos termos que outros nostálgicos restauradores. Em um de seus ensaios on-line, postado em 2019, antes

O FUTURO DA NOSTALGIA

que Boris Johnson o transformasse em conselheiro especial, Cummings trucidou a UE por restringir a Grã-Bretanha: "Velhas instituições como a ONU e a UE — baseadas em suposições do início do século XX sobre o desempenho das burocracias centralizadas — são incapazes de solucionar problemas de coordenação global."[20] Sua conclusão: reinventar tudo, das escolas e do funcionalismo público ao próprio Parlamento.

Mas, fosse seu desespero cultural enraivecido ou elegíaco, fosse sua nostalgia restauradora ou reflexiva — fossem eles *clercs*, como Cummings, ou estivessem distantes da política, como Scruton —, os conservadores nostálgicos estabeleceram as fundações para uma campanha Brexit que parecia, para os que a apoiavam, a última chance de salvar o país, como quer que fosse, a qualquer custo. Tanto a campanha do "establishment" conservador, liderada por Johnson e por seu colega tory Michael Gove, quanto a campanha do próprio UKIP, liderada por Nigel Farage, contaram mentiras. Se deixássemos a UE, afirmou Johnson, haveria 350 milhões de libras semanais — um número imaginário — para o Serviço Nacional de Saúde. Se ficássemos na UE, seríamos forçados a aceitar a Turquia como membro, o que tampouco era verdade. A fotografia de Farage ilustrou um cartaz mostrando multidões de sírios caminhando em direção à Europa, muito embora não houvesse razão para nenhum deles acabar no Reino Unido, que não faz parte do Espaço Schengen, a zona sem fronteiras da Europa. Em uma entrevista, Cummings mais tarde compararia essa campanha à "propaganda soviética".[21] Mas sua própria campanha se baseou no medo da imigração e em falsas promessas sobre os investimentos em bem-estar social, deliberadamente ligando as duas situações. Entre outras coisas, um vídeo de campanha afirmava: "A Turquia está se afiliando à UE. Nossas escolas e nossos hospitais já estão lotados." Embora não tivesse nenhum vínculo com a realidade, o vídeo foi visto 515 mil vezes.

No passado, a transformação de ideias em projetos políticos era uma questão de escrever panfletos; a campanha pelo Brexit representou o fim desse modelo e o surgimento de algo novo. A campanha Vote pela

Saída trapaceou, ignorando leis eleitorais a fim de gastar mais dinheiro em publicidade direcionada no Facebook. Aos defensores dos animais foram mostradas fotografias de touradas espanholas; aos bebedores de chá, uma mão estendida, marcada com a bandeira da UE, tentando agarrar uma xícara, ao lado do slogan: "A União Europeia quer acabar com a hora do chá." A campanha Vote pela Saída usou dados roubados pela empresa Cambridge Analytica para auxiliar nesse direcionamento. Todas as campanhas do Brexit se beneficiariam das operações de trolls russos, embora eles praticamente só ecoassem o que a Vote pela Saída estava fazendo. A atmosfera da campanha foi pior que a de qualquer outra na história britânica moderna. Em seu auge, a MP Jo Cox foi morta por um homem convencido de que o Brexit significava liberação e permanecer na UE significava que a Inglaterra seria destruída por hordas de estrangeiros não brancos. Assim como o assassino de Paweł Adamowicz, o prefeito de Gdańsk, ele fora radicalizado pela retórica enraivecida a sua volta.

Tanto na época quanto depois, os ativistas que trabalhavam pela restauração da grandiosidade inglesa mantiveram o foco na saída da UE. Conhecendo alguns deles — e sabendo quão profundamente se importavam com a Inglaterra, quão convencidos estavam de que sua civilização estava em risco —, eu entendia sua lógica, embora não concordasse com ela. Eles acreditavam que o sistema político britânico era corrupto demais para reformar a si mesmo, que o país fora tão modificado que se tornara irreconhecível e que a própria essência da nação estava desaparecendo. Mas, se tudo isso fosse verdade, somente uma revolução profunda, capaz de alterar a própria natureza do Estado — suas fronteiras, suas tradições, talvez até mesmo suas instituições democráticas —, poderia impedir a degeneração. Se o Brexit fosse essa revolução, então qualquer coisa levando a ele, de falsas alegações sobre investimentos e manipulação de dados a ataques contra o Judiciário e uso de dinheiro russo, seria aceitável. Essa perspectiva de mudança extrema continuou a inspirá-los e motivá-los, mesmo quando causou problemas.

O FUTURO DA NOSTALGIA   77

A democracia, nos textos e discursos de alguns apoiadores do movimento, era a principal razão para o Brexit. Em 2010, Heffer escreveu que a Europa avançara "amplamente por ser antidemocrática" e fora "sovietizada", e que a Grã-Bretanha precisava escapar pelo bem de sua democracia.[22] O MP tory Michael Gove disse a uma plateia em 2016 que "nossa afiliação à UE nos impede de escolher quem toma as decisões críticas que afetam nossas vidas". Ele esperava, em contraste, que a vitória do Brexit levasse "à liberação democrática de todo um continente".[23] Em nenhum momento os apoiadores do Brexit tentaram atingir seu objetivo sem um referendo.

Mas, por mais que em teoria defendessem a democracia, na prática, vários apoiadores, especialmente os que trabalhavam em tabloides, estavam desgostosos com as instituições democráticas do Reino Unido. Quando três juízes britânicos decidiram, em novembro de 2016, que o Parlamento britânico teria de aprovar a saída formal da UE, o *Daily Mail*, um jornal dirigido por jornalistas pró-Brexit, publicou uma primeira página extraordinária: fotografias dos três juízes usando toga e peruca e a manchete: "Inimigos do povo".[24]

A decisão nada tinha a ver com o Brexit. Ao contrário, ela reafirmava a soberania do Parlamento. Mesmo assim, os três juízes — incluindo o Lord Chief Justice [chefe do Judiciário] e o Master of the Rolls [chefe do Tribunal de Apelação], para lhes dar seus títulos completos — foram execrados no artigo. No passado, eles eram figuras do establishment respeitadas pelos conservadores burkeanos; agora, são outsiders, estranhos, elites "sem contato com a realidade" buscando frustrar os britânicos "reais". Um deles foi descrito, com desdém, como "ex-esgrimista olímpico abertamente homossexual".[25] E o Judiciário não foi a única instituição britânica venerável sob ataque. Outra matéria de primeira página do *Daily Mail* atacou a Câmara dos Lordes sob a manchete "Destruam os sabotadores".[26]

Conforme se arrastavam as negociações com a UE, o desprezo dos apoiadores do Brexit pelas instituições britânicas se tornou mais intenso. Inevitavelmente, o processo de extrair a Grã-Bretanha de quarenta anos de tratados se provou muito mais difícil que o prometido pelos slogans simplistas de campanha. Como se viu, pouquíssimos conservadores nostálgicos realmente entendiam a Europa ou a política europeia, e suas previsões sobre o que aconteceria em seguida se mostraram todas erradas. Heffer escreveu um artigo argumentando que o Brexit levaria a vários referendos similares em outros países europeus;[27] na verdade, ele levou ao crescimento do apoio à UE. Um membro tory da Câmara dos Lordes me disse que, logo após a votação, conversara pessoalmente com importantes empresários alemães e eles haviam garantido que quaisquer arranjos seriam favoráveis aos britânicos. Na realidade, começaram a se afastar da Grã-Bretanha. Durante a campanha do referendo, ninguém pensara sobre a Irlanda do Norte ou a necessidade de construir uma nova alfândega britânica-irlandesa se a Grã-Bretanha saísse do Mercado Único. Assim que as negociações tiveram início, essas duas questões se tornaram centrais.

A descoberta de que haviam subestimado os custos e superestimado a facilidade com que a Grã-Bretanha poderia ser extraída da Europa levou alguns apoiadores do Brexit a caírem no silêncio. Uma jornalista me disse, em caráter privado, que mudara de opinião, embora eu tenha notado que o tom de seus textos públicos não mudou. Mas outros foram atraídos ainda mais intensamente para a ideia de caos. O Brexit "sem negociação" — significando que a Grã-Bretanha denunciaria todos os tratados com a Europa, levando ao automático aumento das tarifas e à incerteza legal para milhões de pessoas — já não era um resultado infeliz a ser evitado. Eles queriam perturbações. Queriam impacto. Queriam mudança *real*. Aquele era, finalmente, o momento no qual poderia ser possível converter sua nostalgia de um passado melhor em um futuro melhor.

Havia diferentes versões desse desejo por caos. Alguns passaram a acreditar que uma queda súbita na atividade econômica seria boa para a alma da nação. Todo mundo ficaria mais motivado, apertaria os cintos e trabalharia mais. "Os britânicos estão entre os piores ociosos do mundo",[28] escreveu um grupo de MPs pró-Brexit a respeito de seus compatriotas:

O FUTURO DA NOSTALGIA

eles precisavam de um choque, de um período de dificuldades, de um desafio. Isso devolveria a Grã-Bretanha — ou, ao menos, a Inglaterra — a sua essência, revelando o caráter destemido do país. E forçaria o indolente e decadente Estado moderno a retomar, nas palavras de Johnson, "o dinamismo daqueles vitorianos barbados".[29]

Do outro lado do espectro político, crescia um tipo diferente de fantasia sobre o desastre. O líder trabalhista, Jeremy Corbyn, vinha de uma tradição marxista que historicamente recebia a catástrofe de braços abertos, porque ela podia conduzir à mudança radical. Embora isso jamais fosse dito em público, Tom Watson, então vice-líder do Partido Trabalhista, confessou ao jornalista Nick Cohen, em caráter privado, que parte da liderança trabalhista "acredita absolutamente que, se o Brexit trouxer caos, os eleitores se voltarão para a esquerda radical".[30] Um subgrupo da esquerda intelectual britânica também parecia esperar que, no mínimo, o Brexit daria um choque no país e o afastaria de seu sistema econômico capitalista. A revista esquerdista *Jacobin*, por exemplo, publicou um artigo argumentando que o Brexit oferecia "a oportunidade única de demonstrar que uma ruptura radical com o neoliberalismo e com as instituições que o apoiam é possível".[31]

Outros ainda esperavam uma crise profunda, mas com um resultado diferente: o caos levaria à "fogueira das regulamentações", ao abandono do Estado de bem-estar social e a novas oportunidades para fundos hedge e investidores. A Grã-Bretanha se tornaria o paraíso fiscal da Europa, "a Singapura do Tâmisa", como disse o MPE Robert Rowland, partidário do Brexit. As oligarquias ficariam felizes e os outros teriam de se ajustar. Todo mundo estaria em melhor situação.

Essas não eram visões marginais nem consideradas maluquice. Todas essas fantasias foram expressas por figuras do establishment: em diferentes momentos, pelo primeiro-ministro, pelo líder da oposição e por financistas abastados. Ninguém votou por esse tipo de perturbação, é claro. Ela jamais foi discutida durante a campanha do referendo. A maioria do Parlamento era contra. A maioria do país era contra. Mas, gradualmente, para muitos apoiadores do Brexit, ela se tornou o objetivo real. E, se as instituições do Estado britânico ficassem no caminho, elas iriam sofrer.

Não acho que seja coincidência o fato de, por volta dessa época, alguns conservadores britânicos — membros respeitáveis do Partido Tory, ex-thatcheristas, ex-combatentes da Guerra Fria — terem se enamorado pela política antidemocrática em outros países. O governo de Theresa May abandonou com velocidade espantosa a antiga ideia de que a Grã--Bretanha devia defender a democracia no mundo; Johnson, durante seu breve e desastroso mandato como secretário do Exterior, não fez nenhum esforço nesse sentido. O único interesse de política externa da Grã-Bretanha após 2016 foi o Brexit. E assim, em vez de usar sua considerável influência em Varsóvia, por exemplo, para convencer o Partido Lei e Justiça a não tentar controlar os tribunais — os dois partidos faziam parte do mesmo grupo no Parlamento europeu —, o Partido Tory se apressou em defendê-lo.

Para algumas pessoas, isso exigiu uma grande mudança de valores. No passado, o MPE tory Daniel Hannan, por exemplo, fora eloquente na denúncia das mentiras do comunismo. Como eu, ajudara Scruton a enviar dinheiro para os dissidentes da Europa Oriental. Mas ignorou essas mesmas mentiras quando elas vieram de seus colegas do Lei e Justiça no Parlamento europeu. "Não quero me intrometer na política doméstica polonesa", disse-me ele quando perguntei a respeito em janeiro de 2020, durante sua última semana no prédio do Parlamento em Estrasburgo.

Alguns MPEs britânicos foram ainda mais longe. Em 2018, MPEs tanto do Partido Conservador quanto do UKIP votaram para evitar que Orbán fosse censurado pela UE por minar ilegalmente a independência do Judiciário de seu país. Por que políticos de um país dedicado ao estado de direito fariam isso? Nas palavras de um ex-membro do UKIP no Parlamento europeu, eles queriam "assegurar o direito de uma nação democrática de desafiar a interferência de Bruxelas".

Por volta da mesma época, a revista *Spectator*, minha antiga empregadora, concordou alegremente em organizar um evento noturno da Fundação Századvég, que promove lealmente os interesses do Fidesz, o

O FUTURO DA NOSTALGIA

partido governante húngaro. A fundação certa vez fechara sua própria revista porque ela publicara um artigo crítico ao governo. "A tarefa desta publicação será apoiar a direção do governo", declarara o editor. O tópico do evento *Spectator*-Századvég não era a liberdade de imprensa, mas a política de imigração, o assunto que a liderança húngara emprega para apelar aos conservadores anti-imigração na Europa Ocidental, mesmo que a Hungria não seja e jamais tenha sido um destino para a migração em massa. De acordo com os relatos, o evento foi seguido de uma noitada embriagada na embaixada da Hungria, onde o embaixador saudou os escritores e apresentadores britânicos em torno da mesa como colegas "conservadores" lutando pela mesma causa.

Quando perguntei ao editor da *Spectator*, Fraser Nelson, sobre o evento, ele negou veementemente sentir qualquer simpatia pelo autoritarismo húngaro. Embora não tenha renegado a associação (ou, presumivelmente, a taxa de patrocínio), ele me deixou escrever um artigo argumentando que alguns apoiadores do Brexit estavam "fornecendo proteção intelectual a um partido profundamente corrupto que jamais deixará a UE de boa vontade porque seus líderes inventaram muitas maneiras inteligentes de desviar fundos europeus em benefício de seus amigos".[32] Isso enfureceu o embaixador húngaro em Londres, que me abordou durante o lançamento de meu livro — para o qual fora convidado por um amigo meu — para me acusar de escrever algo que tornaria seu trabalho muito mais difícil. Ele não estava errado.

Os húngaros também atraíram algumas pessoas cuja raiva ou decepção com seu próprio país as levaram a buscar alternativas em outros lugares. Uma delas foi John O'Sullivan — o mesmo John O'Sullivan que foi tão casual sobre a Escócia deixar o Reino Unido —, um dos redatores de discursos e *ghost writer* de Thatcher, dono de um estilo brilhante e, nas décadas de 1980 e 1990, editor de uma das mais importantes revistas conservadoras americanas, a *National Review*. Como editor, ele certa vez contratou meu marido como "correspondente itinerante"; também foi a nosso casamento. Ele tinha a merecida reputação de *bon vivant* — um amigo em comum se lembra de ter visitado seu apartamento e notado

82 O CREPÚSCULO DA DEMOCRACIA

que ele não tinha nada na geladeira, com exceção de uma garrafa de champanhe — e falava tão bem quanto escrevia. Mas, perto do fim de uma carreira genuinamente distinta, O'Sullivan, então com 70 anos, encontrou seu caminho para Budapeste.

Lá ele começou a trabalhar para o Danube Institute, uma *think tank* criada e financiada, por meio de outra fundação, pelo governo húngaro. Ele o descreveu como "conservador em termos de cultura, liberal clássico em termos de economia e atlantista em termos de política externa". Mas, na prática, o Danube Institute existe para tornar o governo húngaro apresentável para o mundo externo. Ele não tem impacto no interior do país; amigos húngaros descreveram sua presença em Budapeste como "marginal". Como regra, os húngaros não leem suas (admitidamente esparsas) publicações em inglês, e seus eventos são pouco notáveis e raramente notados. Mas O'Sullivan tem um escritório e um apartamento em Budapeste. Ele tem meios para convidar seus muitos amigos e contatos, todos escritores e pensadores conservadores, para visitá-lo em uma das melhores e mais belas cidades da Europa. Não tenho dúvidas de que, quando eles chegam, O'Sullivan é o anfitrião jovial e espirituoso de sempre.

Ele defendeu Orbán muitas vezes, inclusive na introdução de um breve livro sobre o primeiro-ministro húngaro.[33] A defesa é mais ou menos assim: tudo que você já ouviu sobre a Hungria está errado. Há muita liberdade por lá. Outros europeus a criticam não por causa da corrupção ou da xenofobia cuidadosamente cultivada do governo, mas porque não gostam dos valores "cristãos" de Orbán. Esse último ponto apela fortemente a escritores conservadores americanos como Christopher Caldwell, que, após ter sido hóspede de O'Sullivan em Budapeste, produziu um longo artigo na *Claremont Review* elogiando o ataque de Orbán "às estruturas sociais neutras e ao campo de jogo nivelado"[34] — um eufemismo para tribunais independentes e estado de direito.

Caldwell também elogiou a mística "comunidade orgânica" supostamente criada por Orbán. Embora somente um estrangeiro possa chamar seu Estado fechado, corrupto e unipartidário — um mundo no qual os amigos, a família e os primos do primeiro-ministro ficam ricos, pessoas

O FUTURO DA NOSTALGIA 83

são promovidas e rebaixadas dependendo de sua lealdade partidária e todos os outros são deixados de fora — de "comunidade orgânica". E somente um ideólogo possa acreditar que os vizinhos europeus da Hungria estão irritados com o "cristianismo" de Orbán. Na realidade, eles estão irritados com a xenofobia cultivada nas campanhas contra Soros e contra a Europa, com as manipulações legais que deram ao primeiro-ministro controle quase total sobre a imprensa e o processo eleitoral e com a corrupção e o uso de dinheiro da UE para financiar seus camaradas. Na primavera de 2020, eles ficaram ultrajados quando Orbán usou o coronavírus como desculpa para dar a seu governo poderes quase ditatoriais, incluindo o poder de prender jornalistas que criticavam a resposta governamental à pandemia. A hipocrisia também é enfurecedora: na verdade, muitos não europeus e não cristãos — sírios, malásios, vietnamitas — emigram para a Hungria. Eles só precisam pagar.

Em 2013, quando O'Sullivan chegou ao país, o Danube Institute era um lugar excêntrico para alguém como ele. Mas, depois que o governo húngaro criou um sistema político no qual nenhum partido da oposição consegue ganhar; depois que o gabinete federal de auditoria removeu o financiamento de campanha dos partidos de oposição; depois que uma empresa estatal assumiu o controle da maior parte da mídia; depois que o governo forçou a Universidade Centro-Europeia a deixar o país; depois que a família e os amigos de Orbán ficaram ricos graças a contratos estatais; depois que o partido governante usou racismo e antissemitismo disfarçados em sua campanha eleitoral (Orbán luta contra um "inimigo" não nomeado que é "astuto", "internacional" e "especula com dinheiro"); depois que Orbán aceitou a presença de um banco russo ligado à espionagem; depois que minou a política americana na Ucrânia; depois de tudo isso, a posição de O'Sullivan no Danube Institute se tornou estranha; e a história que ele conta aos amigos visitantes, mais ainda. A essa altura, a única razão concebível para o Estado financiar o Danube Institute é camuflar a natureza real de um governo que não é conservador, no antigo sentido anglo-saxão; não é liberal clássico, em termos de economia; e tampouco é particularmente atlantista.

Levei algum tempo para conseguir contato com O'Sullivan, porque ele viaja muito. Quando conseguimos conversar, no outono de 2019, ele estava em um cruzeiro, e era muito tarde em seu fuso horário. Tivemos uma conversa desagradável, embora não tanto quanto a que tive com Mária Schmidt. Ele não exigiu fazer sua própria gravação da entrevista e não publicou uma versão contestável em seguida. Mas respondeu a todas as perguntas com alguma versão de *whataboutism*, uma técnica retórica tornada famosa pelos oficiais soviéticos na qual as perguntas são respondidas acusando-se o entrevistador de hipocrisia. À minha pergunta sobre a mídia húngara — 90% da qual é possuída e operada pelo governo ou por empresas ligadas ao partido —, ele respondeu que a maior parte da mídia americana é "mais favorável"[35] ao Partido Democrata, de modo que a situação é similar. Quando perguntei sobre a amizade do governo húngaro com a Rússia, ele perguntou se a Alemanha realmente se comprometera com os Estados Unidos e a Otan. Quando perguntei se ele se sentia confortável trabalhando para uma instituição financiada pelo governo húngaro, ele disse estar "absolutamente certo de que o governo húngaro emprega políticas com as quais não concordo pessoalmente". Mas, em contrapartida, "há muitas políticas governamentais, em diferentes países, das quais não gosto". Quando perguntei sobre os empresários húngaros ameaçados pelo partido governante, ele disse que eles "deveriam reclamar com mais vigor".

Ele concordou ser interessante e notável que, na década de 1980, ele, Orbán e eu estivéssemos todos do mesmo lado, e agora não estarmos. Mas disse crer que isso aconteceu porque eu mudei, não ele. Eu agora era parte de uma "elite liberal, judicial, burocrática, internacional" que se opunha a "parlamentos democraticamente eleitos". Ele não explicou como era possível ter um "Parlamento democraticamente eleito" em um Estado como a Hungria, onde o governo trapaceia com impunidade, os partidos de oposição podem ser aleatoriamente multados ou punidos, parte do Judiciário é politizada e a maior parte da mídia é manipulada pelo partido governante. O uso da palavra *elite* também foi curioso: na Hungria, a única elite — imensamente poderosa, iliberal, judicial, burocrática — é a que cresce no interior do Fidesz. E também curiosamente irrefletido. No passado, O'Sullivan teria se orgulhado de ser membro de uma elite transatlântica, internacional, que frequentava festas com Rupert Murdoch e dispendiosos jantares com Conrad Black. Mas era tarde, onde quer que seu navio estivesse. Ele estava irritado, e eu também.

Não acredito que, no início, Boris Johnson tenha pensado em si mesmo como membro de uma nova elite, que dirá revolucionária. Afinal, ele era membro certificado da antiga elite. E, seja lá no que fosse que seus assistentes e conselheiros acreditassem, ele não estava interessado em minar o Estado ou redefinir a Grã-Bretanha ou a Inglaterra. Estava apenas tentando vencer, ser admirado, continuar contando histórias e amealhar poder. Mas, no novo mundo político criado pelo Brexit, vencer exigia passos sem precedentes. A Constituição tinha de ser levada ao limite. Os duvidosos tinham de ser expurgados do Partido Tory. As regras precisavam mudar. No outono de 2019, ele começou a mudá-las.

Em setembro de 2019, seguindo conselhos de Cummings, ele tomou a extraordinária decisão de suspender o Parlamento, de modo incomum e inconstitucional. Também expulsou do partido um grupo de tories liberais que tentavam bloquear o Brexit "sem negociação", algo igualmente sem precedentes. Entre eles, estavam dois ex-chanceleres do Tesouro e o neto de Churchill. Em seguida, alguns deles, incluindo Dominic Grieve, ex-procurador-geral e um dos últimos tories pró-europeus, foram ativamente difamados pelo partido. Uma anônima "fonte de Downing Street" — presumivelmente Cummings — disse aos jornais que Grieve e outros estavam sob investigação por "colusão estrangeira", uma expressão que sugeria traição. Johnson se recusou a negar essa história absurda, em vez disso dizendo a um programa de notícias: "Há uma pergunta legítima a ser feita."[36] Grieve recebeu ameaças de morte nos dias que se seguiram. Boris também chamou as objeções parlamentares ao Brexit "sem negociação" de "rendição" ao inimigo, um comentário que tentou transformar em piada. Ninguém riu.

Ao contrário, algumas pessoas estavam falando mortalmente sério. Os apoiadores do Brexit estavam furiosos com o Parlamento, cuja maioria reagiu com toda tática legal e toda regra parlamentar disponível para impedir o Brexit "sem negociação", ao qual a maioria dos britânicos se opunha. Finalmente, eles aceitaram um acordo que muitos haviam considerado inaceitável meses antes, permitindo a criação de uma barreira alfandegária entre a Irlanda do Norte e o restante do Reino Unido. O cenário "sem negociação" foi bloqueado. Mas os apoiadores do Brexit estavam determinados a assegurar que nada os impedisse novamente. O manifesto do Partido Tory, escrito antes da campanha eleitoral de dezembro de 2019, continha pistas da vingança que alguns esperavam infligir àqueles que haviam empregado tão efetivamente os freios e contrapesos da Constituição:

> Após o Brexit, precisaremos analisar também os aspectos mais amplos de nossa Constituição: o relacionamento entre governo, Parlamento e tribunais; o funcionamento da prerrogativa real; o papel da Câmara dos Lordes e o acesso à justiça para as pessoas comuns.[37]

Nas semanas após a eleição, houve algumas dicas do que poderia estar por vir. Houve, como na Polônia, murmúrios sobre minar a mídia pública, talvez alterando o financiamento da BBC. Houve, como na Hungria, conversas sobre restringir ou limitar os tribunais. E também sobre um expurgo no funcionalismo público. Cummings anunciou o desejo de contratar "desajustados e esquisitões" para ajudá-lo a realizar as "grandes mudanças na política e na estrutura do processo decisório" que agora seriam necessárias.[38] Durante a divisora campanha do referendo e duas raivosas eleições, os intelectuais e marqueteiros que emprestaram sua energia ao Brexit haviam invocado revolução e destruição, uma linguagem que não fazia parte da política britânica havia muitos anos. Quando Johnson conquistou a maioria, alguns deles estavam finalmente em posição de agir.

O FUTURO DA NOSTALGIA

Também enfrentaram, subitamente, o dilema exposto pelo estadista americano Dean Acheson em 1962: "A Grã-Bretanha perdeu um império, mas ainda não encontrou um papel."[39] Nas décadas subsequentes, a Grã-Bretanha encontrou um papel, como uma das mais poderosas e efetivas líderes europeias; como mais importante ligação entre a Europa e os Estados Unidos; e como defensora, especialmente no interior da Europa, da democracia e do estado de direito. Agora, em um mundo dramaticamente remodelado por uma pandemia, os líderes britânicos estão recomeçando do zero. O lugar e o papel da Grã-Bretanha no mundo, até mesmo sua autodefinição — quem são os britânicos e que tipo de nação é a Grã-Bretanha? —, precisam ser reestabelecidos. No novo cenário criado pela crise sanitária e econômica de 2020 — e pelo perigoso encontro do próprio Johnson com o coronavírus —, algo muito diferente pode emergir.

IV

Cascatas de falsidades

As mudanças políticas — alterações no humor público, guinadas abruptas no sentimento popular, colapso das filiações partidárias — há muito são foco do intenso interesse de acadêmicos e intelectuais de todos os tipos. Existe vasta literatura sobre revoluções, assim como um minigênero composto de fórmulas criadas para prevê-las. A maioria dessas investigações foca em critérios mensuráveis e economicamente quantificáveis, como níveis de desigualdade ou padrões de vida. Muitos buscam prever que nível de dor econômica — quanta fome, quanta pobreza — produzirá uma reação, forçará as pessoas a ir para as ruas e as persuadirá a assumir riscos.

Recentemente, essa questão se tornou mais difícil de responder. No mundo ocidental, a vasta maioria das pessoas não passa fome. Elas têm comida e abrigo. São alfabetizadas. Se as descrevemos como "pobres" ou "desfavorecidas", é porque às vezes não possuem coisas com as quais os seres humanos sequer sonhariam há um século, como ar-condicionado ou Wi-Fi. Nesse novo mundo, pode ser que grandes mudanças ideológicas não sejam causadas pela falta de pão, mas por novos tipos de perturbação. Essas novas revoluções podem sequer se parecer com as antigas. Em um mundo no qual a maior parte do debate político ocorre on-line ou na televisão, não é preciso sair nas ruas e carregar cartazes para afirmar sua lealdade. A fim de manifestar uma drástica mudança de afiliação política, basta mudar de canal, abrir outro site pela manhã ou começar a seguir um grupo diferente nas mídias sociais.

Um dos muitos aspectos intrigantes da pesquisa de Karen Stenner sobre predisposições autoritárias é que ela indica como e por que revoluções políticas podem ocorrer no novo e diferente mundo do século XXI. Durante uma intermitente ligação de vídeo entre a Austrália e a Polônia, ela me lembrou que a "predisposição autoritária" que identificou não é exatamente a mesma coisa que ter a mente fechada.[1] É mais correto descrevê-la como uma mente simplista: as pessoas frequentemente são atraídas pelas ideias autoritárias porque ficam incomodadas com a complexidade. Elas não gostam de divisões. Preferem unidade. Um súbito surto de diversidade — de opiniões, de experiências — as deixa enraivecidas. Elas buscam soluções em uma nova linguagem política que as faça se sentir mais seguras.

Que fatores, no mundo moderno, podem levar as pessoas a reagirem contra a complexidade? Alguns são óbvios. Uma grande mudança demográfica — a chegada de imigrantes ou outsiders — é uma forma de complexidade que, tradicionalmente, inflamou o impulso autoritário, e ainda o faz. Não surpreende que a migração de centenas de milhares de pessoas do Oriente Médio para a Europa durante a guerra da Síria de 2016 — algumas chegando a convite da chanceler alemã Angela Merkel — tenha inspirado o aumento do apoio a partidos políticos europeus que usam linguagem e símbolos autoritários. Em alguns países, especialmente aqueles com litoral mediterrâneo, esses números criaram problemas genuínos: como abrigar e cuidar das pessoas chegando de barco, como alimentá-las, o que fazer com elas em seguida. Em outros lugares da Europa, especialmente na Alemanha, também houve problemas reais de habitação, treinamento e assimilação dos novos imigrantes. Em algumas partes dos Estados Unidos e do Reino Unido, há evidências de que os novos imigrantes criaram competição indesejada por alguns empregos. Em muitos países, houve sérios surtos de criminalidade e terrorismo diretamente associados aos recém-chegados.

CASCATAS DE FALSIDADES

Mas a relação entre imigrantes reais e movimentos políticos anti-imigração nem sempre é tão direta. Para começar, a imigração, mesmo de lugares com religião ou cultura diferentes, nem sempre causa reações adversas. Na década de 1990, refugiados muçulmanos das guerras na antiga Iugoslávia chegaram à Hungria sem causar angústia excessiva. Refugiados muçulmanos da Chechênia tampouco causaram reação violenta na Polônia. Em anos recentes, os Estados Unidos absorveram refugiados da Rússia, do Vietnã, do Haiti e de Cuba, entre outros lugares, sem muito debate.

Do mesmo modo, a reação contra os imigrantes nem sempre pode ser atribuída a falhas na assimilação. O antissemitismo se tornou mais intenso na Alemanha, por exemplo, não quando os judeus chegaram, mas precisamente quando começaram a se integrar com sucesso e até mesmo a se converter. Mais especificamente, agora parece que um país sequer precisa de imigrantes reais criando problemas reais para ter opiniões passionalmente negativas sobre a imigração. Na Hungria, como reconheceu Mária Schmidt, os estrangeiros são raros, mas, mesmo assim, o partido governante inflamou com sucesso a xenofobia. Em outras palavras, quando as pessoas dizem estar enraivecidas com a "imigração", elas nem sempre estão falando de algo que viveram e experimentaram. Estão falando de algo imaginário, algo que temem.

O mesmo é verdadeiro em relação à desigualdade e à queda dos salários, outra fonte de ansiedade, raiva e divisão. A economia, sozinha, não pode explicar por que países em diferentes ciclos econômicos, com diferentes histórias políticas e estruturas de classes — não somente a Europa e os Estados Unidos, mas também a Índia, as Filipinas e o Brasil —, desenvolveram simultaneamente uma forma similar de política raivosa entre 2015 e 2018. "A economia" ou "a desigualdade" não explicam por que, no mesmo momento, todo mundo ficou com raiva. Em um livro chamado *A tentação totalitária,* o filósofo francês Jean-François Revel escreveu que "o capitalismo está com problemas sérios, não há dúvida quanto a isso. No fim de 1973, seu prontuário se parecia mais com uma sentença de morte".[2] Esse diagnóstico, feito há quarenta anos, parece se aplicar ao presente. E, no entanto, o impacto das falhas do capitalismo de algum modo se fez sentir em 2016, não em 1976.

Isso não significa que a imigração e a dor econômica sejam irrelevantes para a crise atual: claramente, elas são fontes genuínas de raiva, angústia, desconforto e divisão. Mas, como explicação completa para a mudança política — para a emergência de uma nova classe de atores políticos —, são insuficientes. Alguma outra coisa está acontecendo e afetando democracias muito diferentes, com economias e demografias muito diferentes, em todo o mundo.

Juntamente com o ressurgimento da nostalgia, a decepção com a meritocracia e o apelo das teorias da conspiração, parte da resposta pode estar na natureza contenciosa e intratável do próprio discurso moderno: as maneiras pelas quais lemos, pensamos, ouvimos e entendemos política. Sabemos há muito que, em sociedades fechadas, a chegada da democracia, com suas vozes e opiniões conflitantes, pode ser "complexa e assustadora", como disse Stenner, para pessoas não acostumadas à dissensão pública. O ruído da argumentação e o zumbido constante da discordância podem irritar pessoas que preferem viver em uma sociedade unida por uma única narrativa. A forte preferência por unidade, ao menos entre parte da população, ajuda a explicar por que numerosas revoluções liberais ou democráticas, de 1789 em diante, terminaram em ditaduras com amplo apoio. Isaiah Berlin certa vez escreveu que os seres humanos precisam acreditar que "em algum lugar, no passado ou no futuro, em revelação divina ou na mente de um pensador individual, nos pronunciamentos da história ou da ciência [...] há uma solução final".[3] Berlin observou que nem todas as coisas que os seres humanos acham boas e desejáveis são compatíveis. Eficiência, liberdade, justiça, igualdade, as demandas do indivíduo e as demandas do grupo, todas essas coisas nos empurram em direções opostas. E, para muitas pessoas, isso é inaceitável: "Admitir que a realização de alguns de nossos ideais pode, em princípio, tornar impossível a realização de outros é dizer que a noção de realização humana total é uma contradição formal, uma quimera metafísica." Mesmo assim, a unidade é uma quimera que alguns sempre buscarão.

CASCATAS DE FALSIDADES 93

Nas sociedades mais abertas do Ocidente, nos tornamos presunçosos em relação a nossa tolerância por pontos de vista conflitantes. Mas, durante grande parte de nossa história recente, a real variedade dessas visões foi limitada. Desde 1945, os argumentos mais importantes geralmente ocorreram entre a centro-direita e a centro-esquerda. Como resultado, a variedade de possíveis resultados era pequena, especialmente em democracias como a Escandinávia, mais inclinadas ao consenso. Mas, mesmo em democracias mais estridentes, o campo de batalha estava relativamente bem definido. Nos Estados Unidos, as restrições da Guerra Fria criaram acordo bipartidário em relação à política externa. Em muitos países europeus, o comprometimento com a UE era um fato estabelecido. Acima de tudo, a dominância de emissoras nacionais de TV — a BBC na Grã-Bretanha, as três difusoras nos Estados Unidos — e jornais de bases amplas que dependem da receita de publicidade de bases amplas significaram que, na maioria dos países ocidentais, na maior parte do tempo, houve um único debate nacional. As opiniões difeririam, mas a maioria das pessoas discutia dentro dos parâmetros acordados.

Esse mundo desapareceu. Agora vivemos uma rápida mudança na maneira como as pessoas transmitem e recebem informação política — exatamente o tipo de revolução das comunicações que teve profundas consequências políticas no passado. Feitos maravilhosos fluíram da invenção da prensa móvel no século XV: alfabetização em massa, disseminação de conhecimento confiável, fim do monopólio católico sobre a informação. Mas esses mesmos feitos contribuíram para novas divisões, polarizações e mudanças políticas. A nova tecnologia tornou possível que pessoas comuns lessem a Bíblia, uma mudança que ajudou a inspirar a reforma protestante e, no tempo devido, muitas décadas de sangrentas guerras religiosas. Mártires foram enforcados e igrejas e vilarejos foram saqueados em um furioso turbilhão moralista que só amainou com o Iluminismo e a aceitação mais ampla da tolerância religiosa.

O fim dos conflitos religiosos foi o início de outros tipos de conflito, entre ideologias seculares e grupos nacionais. Alguns deles se intensificaram após outra mudança na natureza das comunicações: a invenção do rádio e o fim do monopólio da palavra impressa. Hitler e Stalin estiveram entre os primeiros líderes a entender quão poderosa essa nova mídia podia ser. Inicialmente, os governos democráticos tiveram dificuldade para encontrar maneiras de combater a linguagem dos demagogos, que agora chegava às pessoas no interior de suas casas. Antecipando quão divisora a radiodifusão podia se tornar, em 1922 o Reino Unido criou a BBC, explicitamente projetada, desde o início, para chegar a todas as partes do país, e não somente "informar, educar, entreter", mas também unir as pessoas, não em um único conjunto de opiniões, mas em uma única conversa nacional, que possibilitaria o debate. Diferentes respostas foram encontradas nos Estados Unidos, onde os jornalistas aceitaram uma estrutura regulatória, leis contra difamação e regras de licenciamento para o rádio e a televisão. O presidente Franklin Roosevelt criou a conversa em frente à lareira, uma forma de comunicação mais adequada à nova mídia.

A nova revolução das comunicações foi muito mais rápida que qualquer coisa que vimos no século XV ou mesmo XX. Depois que a prensa móvel foi inventada, foram necessários muitos séculos para que os europeus fossem alfabetizados; depois que o rádio foi inventado, os jornais não entraram em colapso. Em contraste, em somente uma década, a rápida migração do dinheiro publicitário para as empresas de internet diminuiu severamente a habilidade dos jornais e difusoras de coletar e apresentar informações. Muitos, embora não todos, deixaram de reportar notícias; muitos, embora não todos, em algum momento deixarão de existir. O modelo de negócios mais comum, baseado na publicidade para o público geral, significava que eles eram forçados a servir ao interesse público geral e a manter um compromisso ao menos teórico com a objetividade. Eles podiam ser tendenciosos, brandos e tediosos, mas removiam do debate as teorias da conspiração mais flagrantes. Obedeciam aos tribunais e aos reguladores. Seus jornalistas se conformavam a códigos éticos formais e informais.

Acima de tudo, os antigos jornais e difusoras criaram a possibilidade de uma única conversa nacional. Em muitas democracias avançadas, não há mais debate comum, que dirá narrativa comum. As pessoas sempre

CASCATAS DE FALSIDADES

tiveram opiniões diferentes. Agora têm fatos diferentes. Ao mesmo tempo, em uma esfera de informação sem autoridades — políticas, culturais ou morais — e fontes confiáveis, não existe maneira fácil de distinguir as teorias da conspiração das histórias verdadeiras. Narrativas falsas, partidárias ou de algum modo enganosas se disseminam como incêndios digitais, como cascatas de falsidades que se movem rápido demais para que os fatos sejam conferidos. E, mesmo que fossem, já não importa: parte do público jamais lerá sites de checagem de fatos e, se o fizer, não acreditará no que ler. A campanha Vote pela Saída, de Dominic Cummings, provou que é possível mentir repetidamente sem consequências.

Não se trata somente de histórias falsas, fatos incorretos ou mesmo campanhas eleitorais e marqueteiros: os próprios algoritmos das mídias sociais encorajam falsas percepções do mundo. As pessoas clicam nas notícias que dizem o que elas querem ler; Facebook, YouTube e Google mostram a elas mais daquilo que já favoreçam, seja certa marca de sabonete ou uma forma particular de política. Os algoritmos também radicalizam os usuários. Se você clicar em canais anti-imigração perfeitamente legítimos no YouTube, por exemplo, eles podem rapidamente levá-lo, com apenas mais alguns cliques, a canais nacionalistas e, em seguida, a canais violentamente xenofóbicos. Como foram projetados para manter o usuário on-line, os algoritmos também favorecem as emoções, especialmente a raiva e o medo. E, como os sites são viciantes, eles afetam as pessoas de maneiras inesperadas. A raiva se torna um hábito. A divisão se torna normal. Mesmo que as mídias sociais não sejam a fonte primária de notícias para todos os americanos, elas já ajudam a modelar a maneira como políticos e jornalistas interpretam e retratam o mundo. A polarização se transferiu do mundo on-line para a realidade.

O resultado é um hiperpartidarismo que aumenta a desconfiança em relação à política "normal", aos políticos do "establishment", aos "especialistas" ridicularizados e às instituições "mainstream" — incluindo tribunais, polícia e servidores públicos. E isso não surpreende. Conforme aumenta a polarização, os funcionários do Estado são invariavelmente retratados como tendo sido "capturados" por seus oponentes. Não foi

96   O CREPÚSCULO DA DEMOCRACIA

por acidente que o Partido Lei e Justiça na Polônia, os apoiadores do Brexit na Grã-Bretanha e a administração Trump nos Estados Unidos iniciaram ataques verbais aos servidores públicos e aos diplomatas profissionais. Não foi por acidente que juízes e tribunais se tornaram objeto de crítica, escrutínio e raiva em muitos outros lugares. Não pode haver neutralidade em um mundo polarizado, porque não pode haver instituições apartidárias ou apolíticas.

A mídia do debate também modificou sua natureza. Anúncios de secadores de cabelo, notícias sobre astros pop, matérias sobre o mercado de títulos, recados de nossos amigos e memes de extrema direita chegam em fluxo constante a nossos telefones e computadores, todos com aparentemente o mesmo peso e importância. Se, no passado, a maioria das conversas políticas ocorria em câmaras legislativas, colunas de jornais, estúdios de televisão ou bares, hoje elas frequentemente ocorrem on-line, em uma realidade virtual na qual leitores e escritores se sentem distantes uns dos outros e das questões que descrevem, todo mundo pode permanecer anônimo e ninguém precisa assumir responsabilidade pelo que diz. Reddit, Twitter e Facebook se tornaram a mídia perfeita para a ironia, a paródia e os memes cínicos: as pessoas abrem esses aplicativos para se divertir. Não admira que uma pletora de candidatos políticos "irônicos", "paródicos" e "piadistas" esteja vencendo eleições em países tão díspares quanto Islândia, Itália e Sérvia. Alguns são inofensivos; outros não. Toda uma geração de jovens agora trata as eleições como oportunidade de demonstrar seu desdém pela democracia, ao votar em pessoas que sequer pretendem ter visões políticas.

Isso não significa que podemos ou devemos retornar ao passado analógico: havia muita coisa errada no antigo mundo da mídia, e há muita coisa certa no novo: movimentos políticos, fóruns on-line e novas ideias que não existiriam sem eles. Mas todas essas mudanças — da fragmentação da esfera pública à ausência de campo central, da ascensão do partidarismo à evanescente influência de instituições neutras e respeitadas — parecem incomodar pessoas que têm dificuldade para lidar com a complexidade e a cacofonia. Mesmo que não vivamos um

CASCATAS DE FALSIDADES

momento de rápida mudança demográfica, mesmo que a economia não esteja em turbilhão, mesmo que não haja crise da saúde, a divisão entre centro-direita e centro-esquerda, a ascensão de movimentos separatistas em alguns países, o crescimento da retórica enraivecida e a proliferação de vozes extremistas e racistas que foram marginalizadas por meio século podem persuadir uma porção dos eleitores a votar em alguém que prometa uma nova e mais organizada ordem.

Há numerosos exemplos recentes. A destruição do bipartidarismo congressional nos Estados Unidos na década de 1990, a chegada do conspiracionista Partido Lei e Justiça no centro da política polonesa em 2005, a votação pelo Brexit em 2016: todos esses momentos polarizantes radicalizaram parte da população em seus respectivos países. Como disse Stenner, "quanto mais as mensagens conflitam umas com as outras, mais enraivecidas essas pessoas se sentem". A romancista polonesa Olga Tokarczuk expressou a mesma ideia no discurso que fez ao receber o prêmio Nobel em 2019: "Em vez de ouvirmos a harmonia do mundo, ouvimos uma cacofonia de sons, uma insuportável estática na qual, desesperados, tentamos captar uma melodia mais serena ou mesmo uma batida mais suave."[4]

As instituições democráticas modernas, construídas para uma era que possuía uma tecnologia da informação muito diferente, fornecem pouco conforto para aqueles que se enraivecem com a dissonância. Eleições, campanhas e formação de coalizões parecem retrógradas em um mundo no qual outras coisas acontecem tão rapidamente. É possível apertar um botão no telefone e comprar um par de sapatos, mas pode levar meses para formar uma coalizão de governo na Suécia. É possível baixar um filme com um clique, mas leva anos para debater um problema no Parlamento canadense. Isso é muito pior no âmbito internacional: instituições multinacionais como a UE e a Otan acham extremamente difícil tomar decisões rápidas ou implementar grandes mudanças. Sem surpresa, as pessoas temem as mudanças que a tecnologia trará e também — com razão — que seus líderes políticos não sejam capazes de lidar com elas.

O som estridente e dissonante da política moderna; a raiva na TV a cabo e nos telejornais noturnos; o ritmo acelerado das mídias sociais; as manchetes que se chocam umas contra as outras quando as lemos em um feed; a monotonia contrastante da burocracia e dos tribunais; tudo isso tem enervado a parte da população que prefere unidade e homogeneidade. A própria democracia sempre foi barulhenta e estridente, mas, quando suas regras são seguidas, ela termina por criar consenso. O debate moderno não cria. Em vez disso, inspira em algumas pessoas o desejo de silenciar as outras à força.

Esse novo mundo da informação também fornece um novo conjunto de ferramentas e táticas que outra geração de *clercs* pode usar para chegar às pessoas que querem linguagem simples, símbolos poderosos e identidades claras. Não é preciso organizar um movimento nas ruas para apelar àqueles que possuem predisposição autoritária. É possível organizar um no escritório, em frente ao computador. Testar as mensagens e avaliar as respostas. Criar campanhas publicitárias direcionadas. Organizar grupos de fãs no WhatsApp ou no Telegram. Escolher temas do passado que se adequam ao presente e ajustá-los sob medida para plateias particulares. Inventar memes, criar vídeos e elaborar slogans projetados para apelar precisamente ao medo e à raiva causados por essa imensa onda internacional de cacofonia. É possível até mesmo iniciar a cacofonia e o caos, sabendo muito bem que as pessoas ficarão assustadas.

Está amanhecendo na área rural basca. Um homem caminha e depois corre em câmera lenta. Ele escala uma cerca. Cruza um campo de trigo enquanto suas mãos deslizam, como em um filme de Hollywood, pela parte superior das espigas. Há música tocando e uma voz diz: "Se você não ri da honra porque não quer viver entre traidores [...] se olha para novos horizontes sem desprezar suas origens [...] se é capaz de se manter honesto em tempos de corrupção."

O sol nasce. O homem caminha por uma trilha escarpada. Ele cruza um rio. É pego por uma tempestade. "Se você sente gratidão e orgulho por aqueles que protegem os muros [...] Se ama sua pátria como ama seus

CASCATAS DE FALSIDADES

pais." A música atinge o clímax, o homem está no topo da montanha e a voz conclui: "[...] então você está tornando a Espanha grandiosa novamente!" Um slogan surge na tela: *Hacer España Grande Otra Vez.*

A tradução do slogan é "Tornar a Espanha grandiosa novamente". O homem é Santiago Abascal, e essa é uma propaganda do Vox.[5] Em 2019, o Vox era o partido político que mais crescia na Espanha, e Abascal era seu líder. Nas eleições parlamentares três anos antes, o Vox e seu nacionalismo valentão e cinematográfico não haviam conseguido um único assento. Logo em seguida, um site espanhol postara um artigo perguntando "Por que ninguém vota em Santiago Abascal?"

Mas, na primavera de 2019, o apoio ao partido foi de 0 a 10%, o que significou 24 membros no Parlamento. Após outra eleição naquele outono — realizada depois que a primeira resultou em um Parlamento empatado —, esse número dobrou. Visitei Madri várias vezes naquele ano, e a cidade parecia um pouco com Londres logo antes do referendo do Brexit ou Washington antes da eleição de Trump. Muitas pessoas — jornalistas, acadêmicos, editores — diziam ter baixas expectativas em relação ao futuro. Em contraste, os poucos membros da equipe do Vox com quem me encontrei tinham muita energia e claro senso de direção. Tive uma forte sensação de *déjà-vu*: mais uma vez, lá estava uma classe política prestes a ser atingida por uma onda enraivecida.

Alguns espanhóis com quem me encontrei também sentiam um *déjà-vu*, embora de um tipo diferente: eles achavam estar ouvindo ecos do passado na retórica do Vox. Espanhóis mais velhos ainda se lembravam do nacionalismo ostentoso que caracterizara a ditadura de Francisco Franco, os gritos de *"Arriba España!"* ou "Vai, Espanha!" nos comícios, a atmosfera solene do patriotismo forçado. Durante a maior parte das quatro décadas que se seguiram à morte do ditador em 1975, parecia que ninguém queria nada daquilo de volta. Em vez disso, no fim da década de 1970, a Espanha passou por uma transição paralela à que a Polônia e a Hungria experimentaram na década de 1990, filiando-se a instituições europeias, reescrevendo a Constituição e estabelecendo uma trégua nacional. À sua maneira, a democratização da Espanha foi a verdadeira prova do conceito de mundo pós-guerra. A democratização e a integração da França, da Alemanha, da Itália e do restante haviam se provado tão bem-sucedidas na época da morte de Franco que os espanhóis, que seguiram um rumo bem diferente após a guerra, finalmente clamaram para se unir a eles.

Quando a transição foi completada, a nova democracia espanhola era quase ostensivamente consensual. Dois partidos políticos principais emergiram do antigo Estado unipartidário e, juntos, concordaram em concordar. Muitos ex-franquistas e seus filhos foram de encontro ao novo Partido Popular, de centro-direita; muitos ex-oponentes de Franco e seus filhos, ao novo Partido Socialista, de centro-esquerda. Mas ambos os lados combinaram tacitamente — e, às vezes, abertamente — não falar sobre coisas que já os haviam dividido. Franco pôde permanecer em sua tumba elaborada, parte de um memorial conhecido como Vale dos Caídos. Seus oponentes de esquerda puderam celebrar seus próprios veteranos. A guerra civil que os dividira continuou sem discussão. O passado, aparentemente desafiando o famoso comentário de Faulkner, permaneceu no passado.

Na última década, esse consenso se estilhaçou. Em resposta à crise econômica de 2009, um novo partido de extrema esquerda, o Podemos, desafiou a unidade da centro-esquerda. Em resposta a alegações de corrupção na centro-direita, um partido liberal, o Ciudadanos — o nome significa "cidadãos" —, buscou criar uma nova força política centrista. Uma controversa decisão judicial sobre um caso de estupro levou centenas de milhares de mulheres às ruas em grandes e ruidosas manifestações, perturbando muitos católicos tradicionais. Um governo de centro-esquerda exumou os restos mortais de Franco, removendo-os de seu elaborado mausoléu e colocando-os em um cemitério, aborrecendo assim os nostálgicos conservadores espanhóis.

Acima de tudo, o movimento secessionista catalão desafiou o consenso constitucional, e de maneira visualmente dramática. A Catalunha é uma província rica, e muitos de seus habitantes falam catalão, uma língua separada; ela tem uma história tanto de unidade quanto de conflito com

CASCATAS DE FALSIDADES   101

o restante da Espanha já há longos séculos. Sob a ditadura de Franco, a menor insinuação de separatismo catalão era duramente reprimida. Em contraste, a Constituição democrática de 1978 deu muita autonomia a todas as regiões do país, permitindo o crescimento de identidades regionais — tanto que, em 2017, o governo regional catalão, fortemente controlado por separatistas, decidiu realizar um referendo sobre a independência. O Tribunal Constitucional espanhol declarou o referendo ilegal. Um grande número de cataláes boicotou o referendo — um evento emotivo, marcado pela brutalidade policial —, mas a maioria dos que votaram escolheu a independência.

Na desordem que se seguiu, o Senado espanhol impôs a administração do governo central e convocou novas eleições catalás. Alguns líderes secessionistas fugiram para o exílio; outros foram presos, processados e, por fim, sentenciados a longas penas. Quando a poeira assentou, o Vox — o único partido a dar voz ao ruidoso, estridente e antisseparatista nacionalismo espanhol — subitamente se tornou importante na política nacional. O Vox tirou vantagem de uma lei que lhe permitiu iniciar uma ação judicial privada contra os secessionistas cataláes. O partido fez um comício em Barcelona, chamou o governo catalão de "organização criminosa"[6] e provocou, em resposta, a manifestação de anarquistas de máscaras pretas que atiraram pedras e queimaram barracas — uma excelente imagem para unir seus apoiadores. Acima de tudo, o Vox tentou trazer de volta a sensação de unidade que prevalecera durante os comícios *Arriba España!* do passado distante. Seus líderes fizeram isso usando YouTube, Twitter, Instagram, Telegram e WhatsApp.

A partir da primavera de 2018 e até a eleição de 2019, Abascal registrou no Twitter cada comício realizado e postou uma série de vídeos e fotografias de bares, salões de conferência e depois estádios, todos lotados até o teto, com as pessoas celebrando e aplaudindo. Alguns de seus tuítes posteriores continham a hashtag *#EspañaViva*[7] — Espanha viva — e comentários extasiados. Um exemplo: "Nem as ameaças de morte de dezenas de comunistas nem os insultos na televisão podem conter *#EspañaViva*." Alguns dos comícios mais populares foram realizados sob a logomarca *Cañas por España* — "Cervejas pela Espanha". Em março de 2018, setecentos ingressos para um evento *Cañas por España* em um clube noturno de Madri foram vendidos em quatro horas, todos para pessoas abaixo dos 30 anos.

Esses comícios, os tuítes que os descreviam e os constantes ataques do partido às pesquisas de opinião "falsas" feitas pela mídia "tendenciosa" tinham um propósito. Eles foram projetados para fazer com que todo mundo seguindo o Vox sentisse ser parte de algo grande, excitante, crescente e homogêneo. Abascal falou sobre um "movimento patriótico de salvação da união nacional",[8] usando a mesma linguagem grandiosa que ajudou o apoio ao Vox parecer maior do que realmente era. Este foi o pilar central de sua estratégia: usar as mídias sociais para criar uma sensação de unidade em torno de um movimento que praticamente ainda não existia.

Ao mesmo tempo, o Vox encontrou maneiras de atingir grupos eleitorais insatisfeitos com aspectos da vida moderna que os partidos convencionais não abordavam. Pense na maneira como as gravadoras montam novas bandas: elas encomendam pesquisas, escolhem rostos que combinam entre si e colocam a banda no mercado fazendo propaganda para a demografia mais favorável. Novos partidos políticos agora operam da mesma maneira: eles reúnem questões, escolhem uma nova embalagem e a colocam no mercado, usando exatamente o mesmo tipo de mensagem direcionada — com base no mesmo tipo de pesquisa de mercado — que sabem ter funcionado em outros lugares. Os ingredientes do Vox eram as sobras, as questões que os outros partidos haviam ignorado ou subestimado, como oposição ao separatismo catalão e basco, ao casamento entre pessoas do mesmo sexo, ao feminismo e à imigração, especialmente muçulmana, raiva contra a corrupção, tédio com a política convencional e um punhado de outras, como as caçadas e o licenciamento de armas, com as quais algumas pessoas se importavam e outras não — adicionando à mistura um pouco de libertarianismo, talento para a zombaria e uma pitada de nostalgia restauradora.

CASCATAS DE FALSIDADES   103

O que estava em oferta não era uma ideologia, mas uma identidade: cuidadosamente curada, embalada para fácil consumo, pronta para ser "impulsionada" por uma campanha viral. Todos os seus slogans falavam de unidade, harmonia e tradição. O Vox foi projetado, desde o início, para atrair pessoas incomodadas com a cacofonia. E ofereceu a elas o oposto.

Quando perguntei a Rafael Bardaji sobre o vídeo "Tornar a Espanha grandiosa novamente", ele respondeu com um amplo sorriso: "Ideia minha; foi uma espécie de piada na época."[9] Bardaji, que é membro do Vox praticamente desde o início, não se encaixa na ideia de líder de partido "de extrema direita". Ele é jovial, usa óculos e veste terno e gravata como todo mundo no establishment de centro-direita do qual provém. Bardaji foi conselheiro do ex-primeiro-ministro de centro-direita José María Aznar, o primeiro político realmente bem-sucedido do Partido Popular, e passou grande parte do início de sua carreira entre políticos centristas. Ele é mais conhecido por incentivar a Espanha a se unir à invasão americana do Iraque em 2003. De acordo com uma famosa pesquisa, 91% dos espanhóis se opunham à guerra. Depois que um grupo de jihadistas islâmicos instalou explosivos em uma estação de trem de Madri alguns dias antes da eleição geral de 2004 — matando quase duzentas pessoas e ferindo 2 mil —, os eleitores espanhóis culparam o governo de Aznar por levar a política do Oriente Médio para seu país. Inesperadamente, um governo socialista subiu ao poder, e as carreiras de Aznar e Bardaji chegaram ao fim.

Graças a sua associação com aquela era, Bardaji é percebido como alguém fora do mainstream. Ele é frequentemente chamado de *neoconservador*, embora a palavra não faça sentido no contexto espanhol; ela apenas soa americana. Ele também ganhou o apelido de Darth Vader, que acha tão divertido que decidiu usar a imagem correspondente em seu perfil do Twitter. Em Madri, quando eu contava às pessoas que o havia conhecido, elas arqueavam as sobrancelhas.

Mas essas definições — "no mainstream", "fora do mainstream" — mudam com o tempo. Eu conheci Bardaji quando ele era uma figura

104   O CREPÚSCULO DA DEMOCRACIA

importante não somente do governo espanhol, mas também do que, na época, parecia uma aliança internacional robusta, duradoura e poderosa. Em algum momento de 2003, jantamos juntos em Washington. Bardaji estava visitando o American Enterprise Institute, a *think tank* conservadora na qual meu marido dirigia um programa cujo nome e objetivos agora parecem ingênuos. O programa se chamava Nova Iniciativa Atlântica e buscava, após a expansão da Otan, renovar a aliança transatlântica, unir europeus e americanos "atlantistas" e discutir objetivos e projetos comuns. O senador John McCain discursou durante um dos eventos. Democratas interessados no papel americano na Europa compareciam a eles. Assim como europeus que se preocupavam com os Estados Unidos: tories proeminentes, tchecos entusiasmados, o então ministro da Defesa português. John O'Sullivan era uma figura proeminente no mundo atlantista. Na época, alguém como Bardaji — um espanhol afável e pró--americano com forte afinidade por Israel — se encaixava perfeitamente.

Naquela era, a aliança transatlântica obviamente não tinha a mesma unidade que tivera durante a Guerra Fria. Havia cooperação no Kuait e na Bósnia, mas nenhum inimigo comum, ao menos não até 11 de setembro de 2001. O ataque ao World Trade Center galvanizou as nações ocidentais, mas de modo irregular: a França e a Alemanha se uniram à guerra contra o Afeganistão, mas não à guerra do Iraque, por exemplo. Mesmo assim, existia uma genuína coalizão daqueles dispostos a lutar contra Saddam Hussein, incluindo Aznar na Espanha, o primeiro--ministro britânico Tony Blair, o primeiro-ministro dinamarquês Anders Fogh Rasmussen, o presidente polonês Alexander Kwasniewski e alguns outros. Em resumo, aquele parecia um grupo coerente e, assim como Blair, Aznar foi marcado por ele. Nós nos encontramos em 2019, em seu escritório em Madri, e não pude deixar de notar suas fotografias com Blair e George W. Bush no Oriente Médio, exibidas com destaque nas prateleiras, como se registrassem o momento mais importante de sua longa carreira.

As fotografias também pareciam fora de lugar porque o atlantismo — a fé que outrora uniu pessoas como O'Sullivan e Aznar a um forte

CASCATAS DE FALSIDADES 105

grupo internacional, dando-lhes uma via clara para se relacionarem com conservadores americanos e europeus — já não é uma força importante, nem na Espanha, nem no restante do mundo. Pessoas como Aznar parecem pertencer a um mundo diferente. E também, já há vários anos, Bardaji. Durante uma longa década e meia, ele ficou nos bastidores e observou vários governos espanhóis chegarem e partirem, todos de esquerda demais ou de direita demais para seu gosto. Se o centrismo de John Major entediou certos conservadores britânicos nos anos após Thatcher, os líderes do Partido Popular espanhol, de centro-direita, enfureceram alguns de seus membros mais leais na década de 2010. Quando retornou ao poder em 2011, o partido não interrompeu o crescimento do Estado, como eles esperavam. Não revogou a lei de violência doméstica que eles acreditavam penalizar injustamente os homens. Tampouco reagiu às atitudes publicamente críticas em relação à era Franco. Um membro do Vox no Parlamento, Ivan Espinosa, ilustrou como ele e seus amigos se sentiam sobre a política espanhola pegando dois saleiros na mesa em que tomávamos café. "Essa", disse ele, colocando os dois saleiros juntos, "era a política espanhola nos anos 1980 e 1990." "E essa", continuou, colocando um garfo a vários centímetros de distância, "é a Espanha hoje, na extrema esquerda. O centro e a direita não reagem. Não contra-atacam. Não têm nenhuma ideia."[10]

Ainda pior, em sua opinião, foi que tanto a centro-direita quanto a centro-esquerda se mostraram tolerantes demais em relação ao separatismo basco e catalão. Abascal — filho de um político basco que foi ameaçado pelo grupo terrorista local, o ETA —, Espinosa, Bardaji e seus amigos ficaram furiosos. Mas estavam afastados da política, da influência, das salas onde as coisas aconteciam. Durante aqueles anos, Bardaji abriu uma consultoria e fez alguns negócios em Israel e nos Estados Unidos. Também trabalhou na mais proeminente *think tank* espanhola. E então o Vox — juntamente com Trump — lhe abriu o caminho de volta.

Ele tampouco estava sozinho: a linguagem e as táticas da eleição de Trump subitamente pareceram oferecer algo novo a muitas pessoas às margens da política, não somente nos Estados Unidos, mas em todo o mundo. Bardaji não é um blogueiro da direita alternativa nem frequentador de obscuras salas de chat sobre política, mas entende quão úteis os métodos da direita alternativa americana podem ser na Espanha. Eles podem não capturar a maioria, mas são capazes de atrair uma minoria significativa.

Também irritam o "establishment" espanhol que ele acredita ter migrado para a esquerda, deixando pessoas como ele para trás. "Tornar a Espanha grandiosa novamente", disse ele, alegre, "foi uma espécie de provocação [...] para deixar a esquerda com mais raiva ainda." A diversão em ofender o "establishment" — um sentimento clássico dos seguidores do Breitbart News e dos apoiadores do Brexit — é o mesmo tanto em Madri quanto nos Estados Unidos. Bardaji conheceu Steve Bannon por meio de um amigo em comum e eles foram fotografados juntos. Mas Bardaji ri da especulação que isso criou. Os jornalistas espanhóis, disse ele, "dão a Bannon uma relevância que ele não possui".

A política de Trump, com seu desdém pela Europa, pela Otan e pela democracia, teria revoltado Bardaji na década de 1990. Mas, como alguns conservadores nostálgicos na Grã-Bretanha, em 2016 ele estava cansado da "democracia liberal", ao menos como slogan e ideia unificadora. Como espanhol, ele disse não ter muito em comum com uma Otan que se preparava para defender a Europa Oriental contra a Rússia. Mas gostava da ideia de se unir a uma Casa Branca que, ao menos no início, parecia preparada para lutar contra o Islã radical. Embora fora do circuito espanhol por uma década, ele descobriu que tinha vários contatos e interesses em comum com a nova administração Trump — contatos e interesses que o primeiro-ministro socialista não tinha. Ele conhecia Jason Greenblatt, o primeiro negociador com o Oriente Médio da administração Trump. Em razão de uma antiga ligação com o governo Netanyahu — o qual, por sua vez, estava próximo da Casa Branca —, conseguiu que alguns de seus conselheiros eleitorais ajudassem o Vox. Logo após a eleição americana, entrou em contato com o primeiro conselheiro de segurança nacional de Trump, Michael Flynn, e depois com seu sucessor, H. R. McMaster. Esteve em Washington para discutir tanto a primeira

CASCATAS DE FALSIDADES

viagem de Trump à sede da Otan quanto o discurso que Trump fez em Varsóvia em 2017 — o discurso no qual, famosamente, ele delineou a necessidade de defender o mundo cristão: "A aspiração civilizacional, como o Ocidente deve se defender... estávamos completamente de acordo em relação a isso", disse Bardaji.

Embora a proporção de espanhóis muçulmanos seja baixa — a maior parte da imigração para a Espanha vem da América Latina —, a ideia de que a civilização cristã precisa se redefinir contra o inimigo islâmico tem um eco histórico especial na Espanha. O Vox usou esse eco para seu benefício. Em um de seus vídeos, Abascal montou um cavalo e, como os cavaleiros que lutaram para reconquistar a Andaluzia dos árabes, cavalgou pela paisagem do sul da Espanha. Como tantos memes da internet, ele era sério, mas nem tanto: a música de fundo era o tema de *O senhor dos anéis*.

Esses elos entre o Vox e a administração Trump sugerem não uma conspiração, mas interesses e táticas em comum. Também demonstram como o sucesso de Trump inspirou e empoderou um grupo na Espanha que queria usar um novo tipo de linguagem, projetada especificamente para atrair aqueles que estavam enraivecidos com o debate catalão, não gostava da maneira como o discurso moderno fragmentara os espanhóis e achava que os projetos de reforma social e cultural haviam ido longe demais. Esse também é o grupo que teme que suas ideias estejam em risco de desaparecer totalmente. Bardaji acha que a polarização da política espanhola é permanente e que, para ele e pessoas como ele, o que está em risco não são somente suas carreiras, mas a própria nação. Se ele e seus amigos de mentalidade similar não entrarem na disputa, eles mesmos e tudo que defendem podem ser eliminados da política. Essa é a fonte real do medo e da raiva dos apoiadores do Vox, e ela é genuína. Esta foi a coisa mais importante que Bardaji me disse: "A política está se tornando algo diferente, um combate por outros meios. Nós não queremos ser mortos, queremos sobreviver [...]. Acho que a política agora é do tipo 'o vencedor leva tudo'."

O Vox é o primeiro movimento político pós-Franco deliberadamente projetado para atrair a parte da população que se sente nervosa com a polarização espanhola. A radicalização da Catalunha aumentará ainda mais sua base de apoio. Assim como, possivelmente, os protestos feministas, os enraivecidos debates econômicos e o retorno de velhos argumentos históricos. E também a presença do Podemos, um partido de extrema esquerda, abertamente radical, no governo. O Vox foi criado por pessoas que entendem isso. Elas também sabem que o sucesso do partido dará a seus fundadores, porta-vozes, criadores de memes e empresas de relações públicas um recomeço na vida política, assim como acesso a uma rede crescente de financiadores, fãs e trolls de internet com ideias similares, em toda a Europa e além.

—ɯ—

Até recentemente, os líderes dos partidos nacionalistas ou nativistas "de extrema direita" na Europa raramente trabalhavam juntos. Ao contrário dos democratas cristãos de centro-direita, cuja colaboração criou a UE, os partidos nacionalistas estão enraizados em suas histórias particulares. Na França, a direita radical moderna tem origens na distante era Vichy. A direita nacionalista italiana há muito abriga os descendentes intelectuais do ditador Benito Mussolini, incluindo sua neta. O Lei e Justiça está ligado ao acidente aéreo de Smolensk e a suas próprias obsessões. Como resultado, as tentativas de confraternização frequentemente degringolam em argumentos antigos. As relações entre a extrema direita italiana e a extrema direita austríaca, por exemplo, fracassaram porque certa vez, comicamente, elas começaram a discutir a identidade nacional de Tirol do Sul, uma província no norte da Itália que é falante de alemão e já foi austríaca. As relações entre o Vox e a Liga Norte da Itália, um partido nacionalista que começou como movimento separatista, estremeceram quando Matteo Salvini, o líder da Liga, apoiou os separatistas catalães.

Agora isso começou a mudar. Há muito divididos pelas fronteiras e pela história, alguns intelectuais e ideólogos por trás desses novos movi-

CASCATAS DE FALSIDADES 109

mentos encontraram um conjunto de questões que podem uni-los, fazem sentido independente das fronteiras e são fáceis de convencer on-line. A oposição à imigração, especificamente à imigração muçulmana, tanto real quanto imaginária, é uma delas; a promoção de uma visão de mundo socialmente conservadora e religiosa é outra. Às vezes, a oposição à UE ou às instituições internacionais em geral é uma terceira. Essas questões não estão relacionadas — não existe nenhuma razão para alguém não ser católico e pró-europeu, como tantos foram no passado —, mas aqueles que acreditam nelas criaram uma causa comum. A oposição ao casamento entre pessoas do mesmo sexo, a taxistas africanos ou a "eurocratas" é algo que mesmo espanhóis e italianos que discordam sobre seus respectivos movimentos separatistas podem partilhar. Evitando a história e antigas disputas territoriais, eles podem conduzir campanhas conjuntas contra as sociedades seculares e etnicamente mistas nas quais habitam e, ao mesmo tempo, atrair pessoas que querem o fim do estridente debate sobre essas questões.

Entre os que tentam entender como funcionam essas novas e desconhecidas campanhas através das fronteiras, está uma empresa de análise de dados chamada Alto Data Analytics, baseada em Madri. A Alto se especializa em aplicar inteligência artificial à análise de dados encontrados no Twitter, Facebook, Instagram, YouTube e outras mídias sociais. Na preparação para a temporada eleitoral espanhola, passei várias horas em Madri, algumas delas à noite, em um restaurante (onde mais, na Espanha?), com um amigo que trabalha na Alto e que não quis ser citado neste livro ou arrastado para o debate político. Ele me mostrou um conjunto de mapas de rede, coloridos e elegantes, retratando a comunicação on-line na Espanha, e indicou uma extensa linha ondulada, bem no meio: aquela era a comunicação "mainstream", na qual muitas pessoas estavam interconectadas. Ele também me mostrou três conversas polarizadas. Elas eram câmaras de ecos separadas, cujos membros conversavam principalmente uns com os outros. A primeira era a conversa secessionista catalã, a segunda, a conversa da extrema esquerda, e a terceira, a conversa do Vox.

110 O CREPÚSCULO DA DEMOCRACIA

Isso não foi surpresa: esses três grupos vêm construindo suas identidades separadas há muito tempo. Tampouco foi surpresa saber que meu amigo encontrou o maior número de "usuários de atividade anormalmente alta" da internet espanhola — significando bots ou pessoas reais que postam com muita frequência e, com toda probabilidade, profissionalmente — no interior desses três grupos. A comunidade Vox respondia por mais da metade. Na primavera de 2019, o Institute for Strategic Dialogue (ISD) — uma organização britânica que rastreia o extremismo on-line — revelou uma rede de quase 3 mil "usuários de atividade anormalmente alta" que, no ano anterior, haviam postado quase 4,5 milhões de mensagens pró-Vox e anti-islamismo no Twitter.[11]

As origens da rede não estavam claras. Ela fora criada para atacar o governo Maduro na Venezuela. Depois do ataque terrorista a Barcelona em 2017, mudara de alvo, focando em histórias alarmistas sobre a imigração, aumentando aos poucos seu apelo emocional. Parte do material promovido veio de redes extremistas, e todo ele se alinhava às mensagens publicadas pelo Vox. Em 22 de abril, por exemplo, uma semana antes da eleição na Espanha, a rede tuitou imagens que seus membros descreveram como tumultos em "um bairro muçulmano na França". Na verdade, o vídeo mostrava cenas de um recente levante antigoverno na Argélia.

Tanto a Alto quanto o ISD notaram outra característica estranha. Os apoiadores do Vox, especialmente os identificados como usuários de atividade anormalmente alta, tinham alta probabilidade de postar e tuitar conteúdos e materiais de sites conspiracionistas, a maioria criada pelo menos um ano antes da eleição de 2019. Esses sites, às vezes administrados por uma única pessoa, pareciam sites normais de notícias, mas misturavam informações "comuns" com artigos e manchetes altamente partidários e que eram sistematicamente postados nas mídias sociais. A equipe da Alto encontrou exatamente o mesmo tipo de site na Itália e no Brasil nos meses anteriores às eleições de 2018. Em cada caso, os sites começaram publicando material partidário — na Itália, sobre os imigrantes; no Brasil, sobre corrupção e feminismo — durante o ano anterior à eleição. Em ambos os países, serviram para alimentar e am-

CASCATAS DE FALSIDADES 111

plificar temas partidários mesmo antes de realmente fazerem parte da política mainstream. Eles não foram necessariamente projetados para criar notícias falsas. Embora alguns fizessem isso, seu objetivo real era mais sofisticado. Eles foram projetados para criar falsas narrativas, repetir temas, escolher notícias, enfatizar certos detalhes e criar raiva, irritação e medo, muitas e muitas vezes.

Na Espanha, havia meia dúzia de sites assim, alguns bastante profissionais e outros claramente amadores. Certos sites empregavam um modelo pronto. Um dos mais obscuros, por exemplo, tinha exatamente o mesmo estilo e layout de um site brasileiro pró-Bolsonaro, como se ambos tivessem sido criados pela mesma pessoa ou, mais provavelmente, pela mesma equipe de especialistas em relações públicas: *clercs* modernos, atualizados e de vanguarda. No dia anterior à eleição espanhola, a principal história no site era uma teoria da conspiração já conhecida: a de que George Soros ajudaria a orquestrar uma fraude eleitoral. Soros só se tornou uma figura conhecida na Espanha quando o Vox o tornou parte do debate. Nos sites pró-Vox, era possível encontrar algumas das principais teorias da conspiração envolvendo seu nome; naturalmente, ele conspirava para povoar a Europa com muçulmanos.

Esse tipo de site também é encontrado em muitos outros lugares. Os infames sites macedônios que tentaram influenciar a campanha presidencial americana operavam de acordo com princípios muito similares. Assim como os sites conspiracionistas que pertencem à rede QAnon. E as páginas de Facebook criadas pela inteligência militar russa durante a campanha eleitoral americana de 2016, e os claramente identificáveis sites da mídia estatal russa Sputnik e RT. Novas versões desse manual estão sendo implementadas nos Estados Unidos. Em 2019, um repórter de Michigan revelou uma rede de sites que pretendiam ser portais de notícias. Todos foram criados ao mesmo tempo e pareciam jornais "normais", com nomes familiares: *Lansing Sun, Ann Arbor Times, Detroit City Mire*. Todos continham o mesmo tipo de história partidária — como os habitantes de Michigan apoiavam o presidente Trump, por exemplo — misturada a matérias sobre onde comprar gasolina mais barata. Eles foram projetados, deliberadamente, para ser reproduzidos em câmaras de eco supercarregadas, conspiracionistas e partidárias.

Em anos recentes, tipos similares de sites começaram a trabalhar em conjunto, cruzando fronteiras, em diferentes línguas. Em dezembro de 2018, a Organização das Nações Unidas reuniu os líderes mundiais para discutir a migração global em uma cúpula discreta que produziu um pacto maçante e não compulsório: o Pacto Global para uma Migração Segura, Ordenada e Regular. Embora o pacto tenha recebido relativamente pouca atenção da mídia mainstream, a Alto encontrou quase 50 mil usuários tuitando teorias da conspiração sobre ele. Várias centenas fizeram isso em múltiplas línguas, alternando entre francês, alemão, italiano e, em menor extensão, espanhol e polonês. De modo muito parecido com a rede espanhola que promove o Vox, esses usuários utilizavam material de sites extremistas e conspiracionistas, com imagens idênticas, postando os mesmos links e retuitando uns aos outros através das fronteiras.

Uma rede internacional similar entrou em rápida operação após o incêndio de 2019 na Catedral de Notre Dame, em Paris. O ISD rastreou milhares de postagens de pessoas alegando terem visto muçulmanos "celebrando" o incêndio, assim como outras postando rumores e fotografias que supostamente provavam que o incêndio fora deliberado. Um site chamado CasoAislado publicou quase imediatamente uma matéria afirmando que "centenas de muçulmanos" celebravam em Paris e usou uma imagem que parecia retratar pessoas com nomes árabes postando emojis sorridentes sob cenas do incêndio no Facebook. Algumas horas depois, Abascal tuitou seu nojo por essas "centenas de muçulmanos". Ele incluiu um link para a mesma imagem na postagem do teórico da conspiração da direita alternativa americana Paul Watson, que, por sua vez, a copiara de um ativista francês de extrema direita chamado Damien Rieu. "Os islamistas que querem destruir a Europa e a civilização ocidental celebram o incêndio em #NotreDame", escreveu Abascal: "Vamos reagir antes que seja tarde demais."[12]

O mesmo tipo de meme e imagem se espalhou pelos grupos de fãs do Vox no WhatsApp e no Telegram. Membros desses grupos compar-

CASCATAS DE FALSIDADES

tilharam um meme em inglês mostrando Paris "antes de Macron", com a Catedral de Notre Dame, e "depois de Macron", com uma mesquita em seu lugar. Também compartilharam um vídeo, relacionado a outro incidente, que parecia aludir a prisões e bombas de gasolina encontradas em um carro próximo. Foi um exemplo perfeito da direita alternativa americana, da extrema direita europeia e do Vox enviando o mesmo tipo de mensagem, ao mesmo tempo, em múltiplas línguas, em uma tentativa de criar as mesmas emoções na Europa, na América do Norte e no restante do mundo.

Lentamente, esse mundo on-line semioculto adquire uma face no mundo real. Durante o inverno de 2020, no espetacularmente opulento salão de baile de um hotel italiano — com cadeiras de veludo vermelho, candelabros de cristal e mosaicos no teto —, observei enquanto alguns desses novos movimentos tentavam unir forças. A ocasião foi uma conferência realizada ostensivamente em nome de Ronald Reagan e João Paulo II e organizada, entre outros, por John O'Sullivan, cujo instituto financiado pelo governo húngaro estava listado como patrocinador. O evento me deu uma sensação de *Alice através do espelho*, pois evocou dois homens que partilharam uma ideia grandiosa, ambiciosa e generosa da civilização política ocidental — na qual a Europa democrática e os Estados Unidos democráticos estariam econômica, política e culturalmente integrados —, embora todo mundo por lá se dedicasse precisamente à visão oposta. O tema do evento era o "nacionalismo", mas o que realmente unia os participantes era o descontentamento com as sociedades em que viviam, assim como o genuíno medo de que alguns de seus valores pudessem desaparecer em breve. Orador após orador — americano, italiano, francês, holandês, britânico, polonês, espanhol (um MPE do Vox) — se levantou e descreveu sentimentos de perseguição política e de ser dissidente em um mundo dominado por um conjunto de ideias variadamente descritas como "de esquerda", "progressistas", "iluministas racionais liberais" ou mesmo "totalitárias". Por vezes, sua distância da realidade política era desconcertante. Muitos lamentavam a ideia perdida de "nação" — e, no entanto, lá estávamos, no centro de

Roma, onde um político abertamente nacionalista e mesmo chauvinista, Matteo Salvini, estava do outro lado da rua, liderando a corrida para ser o próximo primeiro-ministro.

Mesmo assim, alguns foram muito eloquentes e mesmo comoventes. Entre os oradores estava Marion Maréchal, a carismática sobrinha da líder francesa de extrema direita Marine Le Pen, frequentemente mencionada como futura candidata à Presidência. Maréchal dividiu o mundo em um "nós" que incluía todo mundo na sala e um "eles" que parecia incluir todo o restante, do presidente liberal Emmanuel Macron aos stalinistas franceses: "Nós estamos tentando conectar o passado ao futuro, a nação ao mundo, a família à sociedade [...]. Nós representamos o realismo; eles são a ideologia. Nós acreditamos na memória; eles são a amnésia."[13] No mesmo momento em que ela dizia essas palavras, Macron estava em Cracóvia, onde se descreveu como francês com orgulho *e* europeu com orgulho. Ele falou bastante sobre história e memória naquele dia, como faz com frequência.[14] Para os fãs de Maréchal, talvez isso não importe. Presumivelmente, eles preferem ouvir sobre história de alguém como ela, a porta-voz de uma definição étnica da França e da francesidade. Ou podem simplesmente compartilhar de seu sentimento de perseguição e ficarem felizes em ouvi-lo ecoado em público.

Graças a alguns discursos bem menos eloquentes sobre o patriotismo polonês e as glórias da "soberania", a plateia em Roma diminuiu significativamente ao longo do dia. Mas, com a aproximação da sessão final, jornalistas e operadores de câmara retornaram. Quando o último orador entrou no salão, ele foi aplaudido de pé. Tratava-se de Viktor Orbán, a pessoa, como percebi, que muitos haviam ido até lá para ouvir. Não porque fosse o melhor orador, mas porque conseguira algo que os outros também queriam. Embora vários oradores tivessem falado sobre a opressiva ideologia de esquerda nas universidades, a Hungria era o único país europeu a ter fechado uma universidade inteira, colocado corpos acadêmicos como a Academia de Ciências sob controle direto do governo e removido o financiamento de departamentos universitários dos quais o partido governante não gostava por razões políticas. Embora

CASCATAS DE FALSIDADES   115

muitos se opusessem à mídia "esquerdista", a Hungria era o único país
europeu a ter usado uma combinação de pressão política e financeira
para colocar a maior parte da mídia pública e privada sob controle do
partido governante. Para os partidos e políticos aspirantes a totalitários
que ainda estavam amplamente longe do poder, havia muito a admirar.
A Hungria não é um país grande. Mas esse tipo de controle, esse tipo
de influência, é o que eles desejam.

Orbán não fez um discurso. Em vez disso, pediram-lhe para explicar
o segredo de seu sucesso. Com expressão séria, ele disse que era importante não ter de dividir o poder com outros partidos. Ele não explicou
a manipulação, a engenharia eleitoral e as refinadas trapaças que lhe
permitiram manter a maioria. Além disso, afirmou ele, era útil ter apoio
da mídia. No fundo do salão, onde estavam os membros da imprensa,
algumas pessoas riram. O restante da plateia assentiu com seriedade:
eles simpatizavam com Orbán — e entenderam o que ele queria dizer.

V

Prairie fire

Com uma poderosa história fundacional, a reverência incomum pela Constituição, o isolamento geográfico e os dois séculos de relativo sucesso econômico, os americanos modernos há muito estão convencidos de que a democracia liberal, uma vez conquistada, não pode ser revertida. Os fundadores não estavam tão certos disso: os autores clássicos que admiravam ensinavam que a história era circular, a natureza humana era falha e medidas especiais eram necessárias para evitar que a democracia escorregasse de volta para a tirania. Mas a história americana, para a maioria dos americanos modernos, não parece circular. Ao contrário, ela frequentemente é contada como narrativa de progresso, para a frente e para cima, com a guerra civil sendo um tropeço no caminho. O desespero cultural não ocorre facilmente a uma nação que acredita nos mitos de Horatio Alger e no destino manifesto. O pessimismo é um sentimento estranho a um Estado cujos documentos de fundação, a própria personificação do Iluminismo, contêm uma das mais otimistas visões já escritas sobre as possibilidades do governo humano.

Mais que isso: o otimismo sobre as possibilidades do governo foi inserido na cultura política americana desde 1776. Naquele ano, não era "autoevidente", na maior parte do mundo, que todos os homens haviam sido criados iguais. Tampouco era óbvio, em 1789, que "nós, o povo", éramos capazes de formar uma "união mais perfeita" ou mesmo governar a nós mesmos. Mesmo assim, um pequeno grupo de homens reunidos na costa leste do que era então um continente selvagem escreveu essas palavras e construiu um conjunto de instituições projetadas para torná--las verdadeiras. Eles tinham uma atitude serena em relação à natureza humana, que não acreditavam poder ser aperfeiçoada. Em vez disso, buscaram criar um sistema de freios e contrapesos que encorajasse as pessoas a se comportarem melhor. Nem naquele momento, nem mais tarde, suas altaneiras palavras refletiram a realidade. Nem naquele momento, nem mais tarde, suas instituições funcionaram como pretendido. Mas, com o tempo, as palavras se provaram poderosas o bastante e as instituições flexíveis o bastante para abarcar círculos cada vez mais amplos de cidadãos totalmente investidos, finalmente incluindo não somente homens, mas também mulheres, pessoas sem posses ou riquezas, ex-escravos e imigrantes de todas as culturas. Quando as instituições falhavam, como às vezes acontece, as palavras eram recitadas e repetidas a fim de persuadir as pessoas a tentarem de novo. Abraham Lincoln falou dos Estados Unidos como "última e melhor esperança da Terra".[1] Martin Luther King Jr. sonhou que, "um dia, esta nação se erguerá e viverá o verdadeiro sentido de seu credo: 'Acreditamos que estas verdades são autoevidentes; que todos os homens são criados iguais'".[2]

Desde o início, sempre houve a convicção de que a nova nação seria diferente das outras. Thomas Jefferson acreditava que a democracia teria sucesso nos Estados Unidos, mesmo tendo falhado na França, porque sua história única e as experiências dos americanos os haviam preparado para ela. Ele achava que os americanos, "impressionados desde o berço"[3] pela crença no autogoverno democrático, eram especiais precisamente porque estavam isolados da Europa e de seus ciclos históricos — "separados do rebanho parental e livres de contaminação". Outros, de Tocqueville a Reagan, reinterpretaram esse "excepcionalismo" para significar diferentes coisas. Mas o que realmente tornava o patriotismo americano único, então e depois, era o fato de jamais ter estado explicitamente conectado a uma única identidade étnica, com uma única origem em um único espaço. O discurso de 1989 de Reagan sobre a "cidade brilhante na colina", lembrado como auge da retórica da "grandeza americana" e do "excepcionalismo americano", evocou claramente os documentos da fundação, e não geografia ou raça. Reagan pediu que os americanos se unissem em torno não do sangue ou do solo, mas da Constituição: "Enquanto lembrarmos de nossos primeiros princípios e acreditarmos em nós mesmos, o futuro sempre será nosso."[4]

Mas, desde o início, sempre houve alternativas disponíveis, diferentes versões sobre o que os Estados Unidos eram ou deveriam ser, definições distintas de "nação". Como uma voz dissonante em um coral, sempre existiram grupos cujo desafeto pelos ideais americanos era muito profundo, refletindo mais que a mera exaustão com o governo no poder. Desde 1776, alguns sempre acharam o projeto americano ingênuo, assustador, opressivo ou falso. Dezenas de milhares de legalistas fugiram para o Canadá após a revolução; os estados confederados se separaram. Para alguns, a decepção com os Estados Unidos era tão profunda e a raiva tão intensa que os levou a conclusões e ações drásticas.

No último século e meio, as visões mais desesperadas e apocalípticas da civilização americana vieram, em geral, da esquerda. Inspirados por pensadores e movimentos europeus — marxismo, anarquismo, bolchevismo —, os radicais americanos do fim do século XIX e início do século XX lamentaram a chegada de uma modernidade infernal e deploraram a incapacidade do capitalismo americano de se aprimorar. A anarquista Emma Goldman deu voz a toda uma classe de intelectuais e ativistas quando escreveu, em 1917, sobre o que via como falsas instituições americanas: "Uma República livre! Como o mito se mantém, como continua a enganar, ludibriar e cegar até mesmo os relativamente inteligentes para seus monstruosos absurdos."[5]

Goldman estava especialmente enojada com as aventuras militares dos Estados Unidos no exterior e com a linguagem patriótica usada para justificá-las. "O que é patriotismo?", perguntou ela em um ensaio publicado em 1908: é "o lugar das lembranças, esperanças, sonhos e aspirações da infância"? Não, concluiu ela:

Se isso fosse patriotismo, poucos homens americanos de hoje poderiam ser chamados de patriotas, uma vez que seu local de brincadeiras foi transformado em fábrica, moinho e mina, e o som ensurdecedor das máquinas substituiu o canto dos pássaros. Tampouco podemos ouvir sobre grandes feitos, pois as histórias que nossas mães contam hoje são histórias de sofrimento, pesar e lágrimas.[6]

Emma acreditava que o sonho americano era uma promessa falsa e que os Estados Unidos eram um lugar de "sofrimento, pesar e lágrimas" — crenças que, inicialmente, a levaram a formas extremas de protesto. Seu camarada e parceiro, Alexander Berkman, foi para a prisão pela tentativa fracassada de assassinar o industrialista Henry Clay Frick; Berkman também esteve associado à tentativa frustrada de explodir uma bomba na casa de John D. Rockefeller Jr. Embora mais tarde ela tenha repudiado a violência — e ficado profundamente chocada com as realidades da revolução bolchevique —, Goldman expressou compreensão, em 1917, pelos "mártires modernos que pagam com sangue por sua fé e recebem a morte com um sorriso, porque acreditam, tão verdadeiramente quanto acreditavam os cristãos, que seu martírio redimirá a humanidade".[7]

Esse tipo de linguagem encontrou caminho, cinquenta anos depois, até o pensamento do Weather Underground [Submundo do Tempo]. Em 1970, esse grupo de radicais atirou coquetéis molotov na casa de um juiz nova-iorquino da Suprema Corte, publicou uma "declaração de guerra" contra os Estados Unidos e acidentalmente explodiu uma casa em Greenwich Village enquanto fabricava bombas. Como os anarquistas de uma era anterior, eles não tinham fé no sistema político americano ou em sua habilidade de produzir mudanças significativas. Em sua mais famosa declaração, *Prairie Fire* [Fogo na pradaria], eles escreveram sobre "a entorpecedora ideologia do conformismo e do gradualismo", que "pretende reconfortar as pessoas" ao disseminar ideias conciliatórias e centristas. Esse "reformismo" — e aqui queriam dizer as atividades normais da política democrática — "presume uma bondade essencial na sociedade

PRAIRIE FIRE 121

americana, em conflito com a visão revolucionária de que o sistema está essencialmente podre e precisa ser derrubado". Os Weathermen ["homens do tempo"] não presumiam uma bondade fundamental na sociedade americana. Eles acreditavam que o sistema estava essencialmente podre. Compartilhando o desdém de Lenin por legislaturas e políticos eleitos, ficavam frustrados e entediados com a ideia de construir eleitorados ou buscar votos.[8]

E ficaram ainda mais enraivecidos com a noção de "excepcionalismo americano", que denunciaram em *Prairie Fire*. De seu ponto de vista, os Estados Unidos não podiam ser especiais, não podiam ser considerados diferentes, não podiam ser exceção. As leis de ferro do marxismo ditavam que, mais cedo ou mais tarde, a revolução chegaria também ao país, pondo fim à perniciosa influência americana no mundo. Sua raiva pela própria palavra *excepcionalismo* encontra eco na linguagem de parte da esquerda política de hoje. O historiador Howard Zinn, autor de uma história dos Estados Unidos que foca no racismo, no sexismo e na opressão, fez um tremendo esforço para denunciar os "mitos do excepcionalismo americano".[9] Dezenas de artigos foram publicados, com variações do mesmo título, nas últimas duas décadas. Esse desgosto pelos Estados Unidos ecoa e ressoa em infinitos colóquios, seminários e encontros públicos, sempre que os decepcionados com a ideia americana se reúnem.

Mas há outro grupo de americanos cuja repulsa pelas falhas da democracia americana levou a conclusões igualmente radicais, que também ecoam hoje. Se a esquerda localizou sua melancolia na força destruidora do capitalismo, no poder do racismo e na presença militar americana no exterior, a direita cristã localizou sua decepção no que é percebido como a depravação moral, a decadência, a miscigenação e, acima de tudo, o irreversível secularismo dos Estados Unidos modernos. O escritor Michael Gerson, cristão evangélico e analista acurado e crítico do cristianismo "político", argumentou que parte da comunidade evangélica genuinamente acredita que o país está perdido. Gerson, um ex-redator de discursos de George W. Bush que também está afastado de seus antigos colegas, descreve assim as visões de seus ex-amigos: "Uma era nova e melhor só será inaugurada com o segundo advento de Cristo, que é o único capaz de limpar essa bagunça. Nenhum esforço humano pode apressar esse dia ou salvar um mundo condenado."[10] Em outras palavras, até o Dia do Julgamento não faz sentido tentar melhorar a sociedade; aliás, isso pode piorar as coisas. Eric Metaxas, apresentador de uma rádio evangélica, argumentou que a vitória de Hillary Clinton em 2016 teria causado o fim da República: "A única vez em que enfrentamos um conflito existencial como esse foi durante a guerra civil e a revolução, quando a nação começou."[11] Franklin Graham, filho do evangelista Billy Graham e presidente da Universidade Liberty, usou uma linguagem ainda mais elaborada durante a Presidência Obama: "Acredito que estamos na hora mais escura, no que diz respeito a Deus, ou podemos estar nos últimos minutos [...] quando vemos quão rapidamente se deteriora a moral de nosso país e do mundo, especialmente durante essa administração, que saltou do trampolim moral e mergulhou de cabeça na fossa da humanidade."[12]

Essa variedade de pessimismo profundo de direita não é nova. Ela foi oferecida repetidamente aos americanos, durante três décadas, por muitos outros oradores e escritores, mas mais famosamente por Patrick Buchanan. Ele não é evangélico protestante, mas um católico que partilha da mesma visão apocalíptica de mundo. Em 1999, ele anunciou seu desligamento do Partido Republicano e sua candidatura à Presidência na liderança do Partido Reformista. Em seu discurso, ele lamentou a perda da "cultura popular que fortalecia os valores da fé, da família e do país; a ideia de que os americanos são um povo que se sacrifica junto, sofre junto e avança junto, o respeito mútuo, o senso de limites, as boas maneiras — tudo isso desapareceu".[13] Em versões mais recentes desse lamento, ele foi mais específico sobre seu desespero cultural, como na primavera de 2016:

> Na cultura popular das décadas de 1940 e 1950, os homens brancos eram modelos a serem seguidos. Eles eram os detetives e policiais que perseguiam gângsteres e os heróis que venceram a Segunda Guerra Mundial nos campos de batalha da Europa

PRAIRIE FIRE   123

e nas ilhas do Pacífico. O mundo virou de cabeça para baixo
para as crianças brancas. Em nossas escolas, os livros de história foram reescritos e os velhos heróis foram apagados, suas
estátuas destruídas e suas bandeiras guardadas.[14]

O pessimismo de Buchanan deriva parcialmente de seu senso de declínio
branco, mas também, como alguns daqueles que se opõem diametralmen-
te a ele na esquerda, de seu repúdio à política externa americana. Com
os anos, ele se afastou do isolacionismo comum e se aproximou do que
parece ser a crença de que o papel americano no mundo é pernicioso, se
não mau. Em 2002, ele disse na TV, em uma linguagem que poderia ter
vindo de Noam Chomsky ou de um crítico similar de esquerda, que "o
11 de Setembro foi consequência direta do envolvimento americano em
uma área do mundo à qual não pertencemos e na qual nossa presença
não é bem-vinda".[15]

Ainda mais estranho, um homem que resistiu às falsas narrativas
soviéticas por tantas décadas aceitou totalmente a falsa narrativa russa,
criada pelos técnicos políticos de Putin, de que a Rússia é uma nação
cristã e temente a Deus tentando proteger sua identidade étnica. Não
importa que somente uma minúscula porcentagem dos russos frequente
a igreja ou que menos de 5% digam já ter lido a Bíblia; não importa que
a Rússia seja um Estado multiétnico e multilíngue, com uma população
muçulmana maior que a da maioria dos países europeus; não importa
que a Chechênia, uma província russa, seja governada pela sharia (lei
islâmica) ou que seu governo force as mulheres a usarem véus e torture
os homens homossexuais; não importa que muitas formas de cristianismo evangélico sejam proibidas. A propaganda — as fotografias de Putin
prestando homenagem ao ícone da Nossa Senhora de Kazan, por exemplo,
ou a incorporação de serviços religiosos em suas cerimônias de posse —
funcionou com Buchanan, que agora está convencido de que a Rússia é
um Estado étnico nacionalista de um tipo superior aos Estados Unidos,
que ele descreve, com repulsa, como "'nação universal' multicultural,
multiétnica, multirracial, multilíngue cujo avatar é Barack Obama".[16]

124   O CREPÚSCULO DA DEMOCRACIA

Como aqueles que vivem nas margens mais afastadas da extrema esquerda, alguns dos que vivem nas margens mais afastadas da extrema direita há muito são atraídos pela violência. Não é preciso repetir aqui a história da Ku Klux Klan, das bombas de Timothy McVeigh em Oklahoma ou do atirador de Charleston, Dylann Roof, ou descrever os vários indivíduos e movimentos de milícia que tramaram e continuam a tramar assassinato em massa em nome do resgate de uma nação decaída. Em 2017, uma milícia de Illinois colocou uma bomba em uma mesquita de Minnesota. Em 2018, um homem que acreditava que os judeus conspiravam para destruir a América branca assassinou onze pessoas em uma sinagoga de Pittsburgh. Em janeiro de 2019, um grupo autodenominado "Cruzados" planejou explodir um complexo de apartamentos em Garden City, Kansas, esperando assassinar grande número de refugiados somalianos. Esses grupos e movimentos também foram inspirados pela convicção de que a democracia é inútil, as eleições são incapazes de produzir mudanças reais e somente as ações mais extremas e desesperadas podem impedir o declínio de certa visão dos Estados Unidos.

Em 2016, alguns argumentos da antiga esquerda marxista — o ódio pela política comum, burguesa, e o anseio por uma mudança revolucionária — se misturaram ao desespero da direita cristã em relação ao futuro da democracia americana. Juntos, eles produziram a retórica nostálgica restauradora da campanha de Donald Trump. Dois anos antes, Trump reclamara do fracasso americano e mencionara uma solução que Trotski teria apreciado: "Vocês sabem como solucionar [isso]? Quando a economia entra em colapso, o país vira um inferno e tudo se transforma em desastre? Então temos [...] revoltas para regressar ao que costumávamos ser quando éramos grandiosos."[17] Quatro anos antes disso, seu conselheiro Steve Bannon, que se comparara abertamente a Lenin, falou de forma ameaçadora sobre a necessidade de guerra: "Precisaremos de alguns dias sombrios antes de termos novamente uma manhã de céu azul nos Estados Unidos. Precisaremos de muita dor. Qualquer um que ache que não precisaremos aceitar a dor está enganando vocês."[18] Em um discurso

PRAIRIE FIRE 125

de 2010, ele até mesmo fez referência direta aos Weathermen, citando *Prairie Fire* e a música de Bob Dylan da qual eles retiraram seu nome:

Não é preciso ser um homem do tempo para ver para onde o vento sopra, e o vento sopra sobre as Altas Planícies deste país, através da pradaria, acendendo um fogo que queimará até Washington em novembro.[19]

O discurso de posse de Trump, escrito por uma equipe de conselheiros — inclusive Bannon —, também continha versões de esquerda e de direita de antiamericanismo. Ele incluía a repulsa da esquerda pelo "establishment", que "protegeu a si mesmo, mas não aos cidadãos de nosso país": "Suas vitórias não foram nossas; seus triunfos não foram nossos, e, enquanto eles celebravam na capital da nação, havia pouco a celebrar para as famílias em dificuldade por toda nossa terra." Ele também refletia o desespero evangélico com o sombrio estado moral da nação, com "o crime, as gangues e as drogas, que roubaram tantas vidas e privaram nosso país de tanto potencial não realizado".[20]

O discurso de posse não expressava diretamente o anseio por um episódio purificador de violência. Mas o discurso sobre a "civilização ocidental" que Trump fez em Varsóvia um ano depois, em julho de 2017 — o discurso que Bardaji e seus amigos ajudaram a escrever —, certamente sim. Trump, que pareceu surpreso por parte do que leu no teleprompter ("Olha só!", maravilhou-se ele à menção das origens polonesas de Copérnico), claramente não foi o autor do discurso. Mas os autores reais, incluindo Bannon e Stephen Miller, usaram parte da linguagem que já haviam empregado no discurso de posse: "O povo, não os poderosos [...] sempre foi a fundação da liberdade e a pedra angular de nossa defesa", escreveram eles, como se o próprio Trump não fosse um executivo rico e poderoso que escapou da convocação e deixou outros lutarem em seu lugar. Em uma passagem descrevendo a Revolta de Varsóvia — uma batalha horrível e destrutiva na qual, a despeito de demonstrar grande coragem, a resistência polonesa foi esmagada pelos nazistas —, eles fizeram com que Trump declarasse que "aqueles heróis nos lembram que o Ocidente foi salvo com o sangue dos patriotas e que cada geração deve se erguer e desempenhar seu papel em sua defesa".[21] Era difícil não perceber a pesada implicação: "cada geração" significa que os patriotas da nossa geração terão de derramar seu sangue na futura batalha para resgatar os Estados Unidos de sua própria decadência e corrupção.

O próprio Trump contribui com novos elementos para essa antiga história. Ao milenarismo da extrema direita e ao niilismo revolucionário da extrema esquerda, ele acrescenta o profundo cinismo de alguém que passou anos administrando esquemas comerciais suspeitos em todo o mundo. Trump não conhece a história americana e, portanto, não pode ter fé nela. Ele não entende ou sente simpatia pela linguagem dos fundadores, de modo que não pode ser inspirado por ela. Como não acredita que a democracia americana seja boa, não tem interesse em uma nação que aspira a ser modelo para as outras. Em uma entrevista de 2017 para Bill O'Reilly, da Fox News, ele expressou admiração por Vladimir Putin, o ditador russo, usando uma forma clássica de *whataboutism*. "Mas ele é um assassino", disse O'Reilly. "Existem muitos assassinos. Você acha que nosso país é inocente?", respondeu Trump.[22] Dois anos antes, ele expressara uma ideia similar em outra entrevista televisiva, dessa vez para Joe Scarborough. "Ele está governando seu país e, ao menos, é um líder", disse ele de Putin, "ao contrário do que temos neste país [...] Acho que nosso país também comete muitos assassinatos, Joe."[23]

Essa maneira de falar — "Putin é um assassino, mas todos nós somos" — espelha a propaganda do próprio Putin, que frequentemente declara, com todas as letras: "Ok, a Rússia é corrupta, mas todo mundo é." Essa é uma defesa da equivalência moral, um argumento que mina a fé, a esperança e a crença de que podemos estar à altura da linguagem da Constituição. Também é um argumento útil para o presidente, porque lhe dá licença para ser "assassino", corrupto ou violar as regras "assim como todo mundo". Em uma viagem a Dallas, ouvi uma versão disso de uma de suas apoiadoras abastadas. Sim, disse ela, ele é corrupto, mas todos os presidentes antes dele também eram. "Simplesmente não sabíamos." A ideia deu a ela — cidadã exemplar, patriota cumpridora da lei — licença

PRAIRIE FIRE   127

para apoiar um presidente corrupto. Se todo mundo é e sempre foi corrupto, então qualquer coisa necessária para vencer é aceitável.

Esse, claro, é o argumento que os extremistas antiamericanos, os grupos nas margens da extrema direita e da extrema esquerda da sociedade, sempre defenderam. Os ideais americanos são falsos, as instituições americanas são fraudulentas, o comportamento americano é mau e a linguagem do projeto americano — igualdade, oportunidade, justiça — é somente um amontoado de slogans vazios. A realidade, nessa visão conspiracionista, consiste em empresários segredistas ou burocratas do "Estado profundo" que manipulam os eleitores para que concordem com seus planos, usando a linguagem cafona de Thomas Jefferson como disfarce. O que quer que seja necessário para derrubar esses conspiradores do mal é justificado. Em *Prairie Fire,* o Weather Underground invectivou contra "os caras do Departamento de Justiça, da Casa Branca e da CIA".[24] Agora Trump faz o mesmo. "Vejam a corrupção no topo do FBI, é uma desgraça", disse ele no programa *Fox and Friends* dois anos antes de ser eleito. "E nosso Departamento de Justiça, do qual tento me manter afastado — mas, em certo momento, não farei isso."[25] Mais tarde, não fez.

Essa forma de equivalência moral — a crença de que a democracia, em sua base, não é diferente da autocracia — é um argumento familiar, usado há muito pelos autoritários. Em 1986, Jeane Kirkpatrick, acadêmica, intelectual e embaixadora de Reagan na ONU, escreveu sobre o perigo, para os Estados Unidos e seus aliados, da retórica da equivalência moral que, na época, vinha da União Soviética. Pistolas, armas e mesmo ogivas nucleares eram perigosas para as democracias, mas nem de perto tão perigosas quanto essa forma particular de cinismo: "Para destruir uma sociedade", disse ela, "primeiro é necessário deslegitimar suas instituições básicas." Se você acredita que as instituições americanas não são diferentes de seu oposto, não há razão para defendê-las. O mesmo é verdadeiro no caso das instituições transatlânticas. Para destruir a aliança atlântica, a comunidade de democracias, "basta privar os cidadãos das sociedades democráticas do senso de propósito moral partilhado que é subjacente às identificações e aos esforços comuns".[26]

A vitória de Trump em 2016 foi a vitória exatamente desse tipo de equivalência moral. Em vez de representar a cidade brilhante na colina, não somos diferentes dos "assassinos" da Rússia de Putin. Em vez de uma nação que lidera "os cidadãos das sociedades democráticas", somos "Estados Unidos primeiro". Em vez de nos vermos no centro de uma grande aliança internacional para o bem, somos indiferentes ao destino das outras nações, incluindo as que partilham nossos valores. "Os Estados Unidos não têm interesse vital em escolher entre facções rivais na Europa Oriental, cujas animosidades datam de séculos", escreveu Trump, ou seu *ghost writer*, em 2000. "Seus conflitos não valem vidas americanas."[27] Isso não é uma denúncia da guerra do Iraque. É uma denúncia do envolvimento americano no mundo desde o início do século XX, uma denúncia do envolvimento americano em duas guerras mundiais e na Guerra Fria, um retorno à xenofobia e ao isolacionismo voltado para dentro da década de 1920, quando o pai de Trump foi preso por causar tumultos com seus colegas da Ku Klux Klan.

E foi isso que Trump provou: que, por baixo da superfície do consenso americano, da crença em nossos pais fundadores e da fé em nossos ideais, jaz outra nação — os Estados Unidos de Buchanan e Trump —, que não vê distinção importante entre democracia e ditadura. Essa nação não se sente ligada a outras democracias, não é "excepcional". Não tem um espírito democrático especial do tipo descrito por Jefferson. Sua unidade é criada pela pele branca, por certa ideia de cristianismo e pela ligação com a terra, cercada e defendida por muros. Seu nacionalismo étnico se parece com o ultrapassado nacionalismo étnico de outrora. Seu desespero cultural se parece com o desespero cultural daquela época.

A surpresa não é que essa definição dos Estados Unidos esteja presente: ela sempre existiu. A surpresa é que tenha emergido no partido político que mais ostensivamente usou bandeiras, cartazes, símbolos patrióticos e desfiles para significar sua identidade. Para que o partido de Reagan se tornasse o partido de Trump — para que os republicanos abandonassem o idealismo americano e adotassem a retórica do desespero —,

PRAIRIE FIRE   129

foi necessária uma grande mudança, não somente entre os eleitores, mas também entre os *clercs* desse partido.

"Era hora dos coquetéis no primeiro dia do novo Congresso dominado pelos republicanos, e a comprida sala iluminada por candelabros da casa de David Brock em Georgetown se enchia de jovens conservadores recém-chegados dos eventos na colina do Capitólio." Essa foi a frase de abertura, em 1995, de uma matéria de capa da *New York Times Magazine* intitulada "A contracontracultura".[28] O autor era o falecido James Atlas, e, um por um, ele introduziu uma série de personagens. Lá estava o jovem David Brooks, então na página editorial do *The Wall Street Journal*. Lá estava o próprio Brock, na época mais conhecido por sua brutal investigação dos assuntos pessoais do presidente Bill Clinton. Lá estavam meus amigos David Frum — descrito como "ex-editorialista do *The Wall Street Journal*" — e sua esposa Danielle Crittenden, com quem, anos depois, escrevi um livro de receitas polonesas.

Havia detalhes divertidos — caros restaurantes em Georgetown nos quais as elites conservadoras educadas escarneciam das elites liberais educadas —, mas o tom não era negativo. Seguiam-se vários outros nomes e curtos perfis: Bill Kristol, John Podhoretz, Roger Kimball, Dinesh D'Souza. Eu conhecia a maioria na época em que o artigo foi publicado. Eu trabalhava em Londres para a *Spectator,* e meu relacionamento com o grupo era o de uma prima estrangeira que visitava de tempos em tempos, inspirava interesse leve na família, mas nunca chegava ao círculo mais íntimo. Eu escrevia ocasionalmente para a *Weekly Standard,* editada por Kristol; para a *New Criterion,* editada por Kimball; e uma vez para a *Independent Women's Quarterly,* então editada por, entre outros, Crittenden. Eu também conhecia de passagem uma mulher cuja aparência, de minissaia de oncinha, era a coisa mais notável na fotografia de capa da revista: Laura Ingraham, que fora assistente do juiz da Suprema Corte Clarence Thomas e era então advogada de uma firma moderna. No penúltimo parágrafo, Atlas se vê, perto da meia-noite, "vagueando pelas ruas do centro de Washington com Brock, no Land Rover verde-militar de In-

130 O CREPÚSCULO DA DEMOCRACIA

graham, a 100 km/h, procurando um bar aberto, enquanto a música de Buckwheat Zydeco tocava bem alto no rádio".

Ingraham ocasionalmente confirma, em seus programas de televisão ou em discursos públicos, a principal coisa que eu associava a ela: a devoção a Reagan e ao reaganismo, a mesma devoção partilhada na época por todos os presentes no coquetel de Brock. Ou talvez devoção a Reagan seja um pouco específico demais. O que realmente unia o grupo — e me atraiu para ele — era uma espécie de otimismo de pós-guerra, a crença de que "havíamos vencido", de que a revolução democrática continuaria e mais coisas boas se seguiriam ao colapso da União Soviética — o mesmo otimismo que sentíamos na Polônia e do qual lembro tão bem em minha festa de Ano-Novo de 1999. Não se tratava do conservadorismo nostálgico dos ingleses, mas de algo mais animado, mais americano, um conservadorismo otimista que de modo nenhum olhava para trás. Embora houvesse versões mais sombrias, sua melhor versão era enérgica, reformista e generosa, baseada na fé nos Estados Unidos, na crença na grandeza da democracia americana e na ambição de partilhar essa democracia com o restante do mundo.

Mas aquele momento se mostrou mais breve que o esperado. Se o fim da Guerra Fria e do thatcherismo produziu insatisfação entre os conservadores britânicos, nos Estados Unidos o fim da Guerra Fria produziu profundas divisões e disputas insolúveis. Antes de 1989, os anticomunistas americanos — indo dos democratas centristas às margens mais afastadas do Partido Republicano — estavam unidos pela determinação de se opor à União Soviética. Mas o grupo não era monolítico. Alguns eram combatentes da Guerra Fria porque, como diplomatas ou pensadores de realpolitik, temiam a tradicional agressividade russa se escondendo por trás da propaganda soviética, preocupavam-se com a guerra nuclear e se importavam com a influência americana no mundo. Outros — e eu me incluo nessa categoria — achavam estar lutando contra o totalitarismo e a ditadura e em nome da liberdade política e dos direitos humanos. Outros ainda lutavam contra a União Soviética porque a ideologia soviética era explicitamente ateia e eles acreditavam que os Estados Unidos

PRAIRIE FIRE   131

estavam do lado de Deus. Quando a União Soviética desmoronou, os elos que uniam esses diferentes anticomunistas também se desfizeram.

O movimento tectônico levou tempo. Seu escopo e sua escala não foram imediatamente óbvios. Os eventos de 11 de Setembro provavelmente mantiveram o grupo unido por muito mais tempo que o normal. Mas, no fim, a noite na casa de Brock se revelou mais uma festa cujos convidados já não falam uns com os outros. Somente dois anos depois, o próprio Brock se retratou, em um artigo intitulado "Confissões de um assassino de aluguel da direita", acusando a direita de "intolerância intelectual e pensamento coletivo presunçoso".[29] Brooks lentamente deslizou para o centro e se tornou um colunista do *The New York Times* que escreve livros sobre como ter uma vida significativa. Frum se tornou redator de discursos de George W. Bush, desiludiu-se com a ala xenofóbica e conspiracionista do partido e se afastou totalmente após a eleição de Donald Trump. Kristol seguiu a mesma trajetória um pouco depois. Outros — D'Souza, Kimball — foram precisamente na direção oposta.

Minha própria ruptura ocorreu em 2008, graças à ascensão de Sarah Palin, uma proto-Trump, e ao uso de tortura no Iraque por parte da administração Bush. Até mesmo escrevi um artigo, "Por que não posso votar em John McCain",[30] explicando como eu achava que o partido havia mudado. (Ao relê-lo, vejo que o artigo se dedicava principalmente a elogiar McCain. Mesmo assim, McCain, que fez um maravilhoso discurso no lançamento em Washington de meu livro *Gulag: uma história dos campos de prisioneiros soviéticos,* jamais falou comigo novamente.) Mas foi somente depois que Donald Trump se tornou candidato do partido que eu descobri o quanto meu entendimento do mundo diferia do de alguns de meus amigos americanos. O grupinho de "jovens conservadores" se partiu ao meio.

Em 2017, Sam Tanenhaus escreveu outro artigo sobre uma festa, dessa vez para a revista *Esquire*. Tratava-se da festa que os Frum deram em sua casa em Washington para celebrar a publicação de meu livro *A fome vermelha: a guerra de Stalin na Ucrânia*, uma festa com um largo contingente do que Tanenhaus descreveu como "grupo de escritores,

132   O CREPÚSCULO DA DEMOCRACIA

intelectuais e analistas políticos desenraizados e deslocados que, se tivessem se reunido em Paris ou Londres — ou em Ottawa, pelo menos —, poderiam ter se beneficiado do atormentado glamour de emigrados e exilados". Tanenhaus zombou gentilmente da reunião de "jamais trumpistas", entre outras coisas rindo dos "*hors d'oeuvres* temáticos do leste europeus" servidos em uma festa que celebrava a publicação de um livro sobre a fome — no que tinha bastante razão. Mas também fez um comentário sério: "Para muitos convidados [...] a ascensão de Trump alterou o velho refrão 'Não pode acontecer aqui' para algo mais sombrio e urgente, 'Está acontecendo agora e precisamos impedir'."[31]

Nem todos os nossos antigos conhecidos se sentiam da mesma maneira — ou estavam presentes. A lista de convidados de meus amigos na década de 1990 era muito diferente de sua lista de convidados no fim da década de 2010. Para começar, havia um punhado de democratas de centro-esquerda na sala, pessoas que os Frum não conheciam trinta anos antes. Também havia algumas ausências. Roger Kimball, por exemplo, não estava lá. Em 1992, Kimball escrevera um artigo apreciativo sobre *La trahison des clercs,* partes do qual foram publicados como introdução de uma nova edição em inglês do famoso livro de Benda. Naquele artigo, ele notara com aprovação que Benda — "escrevendo em um momento no qual o ódio étnico e o ódio nacionalista começavam a destruir a Europa" — se opunha ao partidarismo e acreditava "no ideal do desinteresse, na universalidade da verdade".[32] Naquele momento, talvez porque "o ódio étnico e o ódio nacionalista" estivessem em ascensão na Iugoslávia e na antiga União Soviética, Kimball achou o ideal de neutralidade intelectual digno de celebração.

Em 2019, ele se tornara o próprio oposto de desinteressado e tampouco estava muito ligado à "universalidade da verdade". Durante as audiências de impeachment de 2019, ele produziu uma série de artigos para um site pró-Trump chamado American Greatness, repetidamente ignorando ou zombando das evidências, jamais contestadas realmente pelos advogados do presidente, de que ele violara a lei. O Kimball de 1992 escrevera que "a desintegração da fé na razão e na humanidade comum não somente

PRAIRIE FIRE　　　　　　133

leva à destruição de padrões, como também envolve uma crise de coragem".[33] O Kimball de 2019 comparou os membros democratas do
Congresso à "multidão enraivecida que escolheu Barrabás em frente a
Pôncio Pilatos"[34] — uma declaração que implicitamente igualava Trump
a Jesus. Ele jamais mencionou a covardia dos senadores republicanos que,
com exceção de Mitt Romney, estavam com medo de reconhecer que
o presidente usara os instrumentos da política externa americana para
benefício próprio. A "crise de coragem" estava lá, sentada na sua frente.
Mas Kimball já não era capaz de vê-la.

Ingraham também não estava presente, embora, em uma época anterior, eu tivesse ficado feliz com sua presença em uma festa que celebrava
a publicação de um livro sobre os crimes soviéticos e ela tivesse adorado
comparecer. Mas, desde a década de 1990, nossas trajetórias haviam
seguido direções radicalmente diferentes. Ela deixou o direito, passou
para o mundo da mídia conservadora e, por muito tempo, tentou obter
seu próprio programa de TV. Embora suas tentativas iniciais tenham
falhado, ela finalmente conseguiu um popular programa de rádio. Fui
convidada do programa algumas vezes, uma delas após a invasão russa
da Geórgia em 2008. Ouvindo aquela conversa novamente — a mágica
da internet assegura que nenhum som jamais seja perdido —, fiquei
impressionada com quão consistente ela foi em relação ao otimismo
conservador da década de 1990. Ingraham ainda falava sobre o poder
dos Estados Unidos de fazer o bem, sobre sua habilidade de enfrentar a
ameaça russa. Mas já buscava algo mais. Em certo momento, ela citou
um artigo de Pat Buchanan, um de seus mentores, que se queixava repetidamente da falta de sentido de qualquer relacionamento americano
com a Geórgia, uma democracia aspirante, e elogiava a Rússia, um país
que ele imaginava mais "cristão" que o seu.[35]

A referência foi uma dica sobre outras mudanças. Pois, em algum momento, seu otimismo reaganista desapareceu e, lentamente, transformou-
-se no pessimismo apocalíptico partilhado por tantos outros. Isso pode ser
visto em muito do que ela diz e escreve hoje em dia: os Estados Unidos
estão condenados, a Europa está condenada, a civilização ocidental está

134   O CREPÚSCULO DA DEMOCRACIA

condenada. A imigração, o politicamente correto, o transgenerismo, a cultura, o establishment, a esquerda e os democratas são responsáveis. Parte do que ela vê é real: a assim chamada "cultura do cancelamento" na internet, o extremismo que às vezes desponta nos campi universitários e as alegações exageradas daqueles que praticam a política identitária são um problema político e cultural que exigirá muita bravura. Mas já não está claro se ela acha que essas formas de extremismo de esquerda podem ser combatidas com a política democrática normal. Em 2019, ela convidou o próprio Buchanan para seu programa e perguntou diretamente: "A civilização ocidental, como a entendemos, está na balança? Acho que se pode dizer, com muita ênfase, que ela está à beira de um precipício."[36] Como Buchanan, ela passou a questionar se os Estados Unidos podem ou devem desempenhar qualquer papel no mundo. E isso não é surpresa: se não são excepcionais, mas degenerados, por que deveríamos esperar que realizassem algo fora de suas fronteiras?

A mesma sensação de ruína conspurca sua visão da imigração. Há muitos anos, Ingraham, como tantos outros no universo Fox, chama os imigrantes ilegais de ladrões e assassinos, a despeito das esmagadoras evidências de que eles cometem menos crimes, em geral, que os americanos nativos. Esse tampouco é um pedido familiar e razoável por mais restrições nas fronteiras. Ela pediu que o presidente Trump pusesse fim não somente à imigração ilegal, mas também à legal, referindo-se mais de uma vez às "maciças mudanças demográficas" nos Estados Unidos "pelas quais nenhum de nós votou e das quais a maioria de nós não gosta". Em certas partes do país, disse ela, "parece que os Estados Unidos que conhecemos e amamos já não existe". E concluiu, dirigindo-se diretamente a Trump:

> Essa é uma emergência nacional, e ele deve exigir ação do Congresso. Há algo se perdendo neste país, e não se trata de raça ou etnicidade. Trata-se do entendimento outrora comum, em ambos os partidos, de que a cidadania americana é um privilégio, e esse privilégio requer um mínimo de respeito pelo estado de direito e de lealdade à nossa Constituição.[39]

PRAIRIE FIRE   135

E, se os Estados Unidos reais, os Estados Unidos verdadeiros, estão desaparecendo, medidas extremas podem ser necessárias para salvá-los. Em 2019, Ingraham assentiu quando um de seus convidados, o advogado conservador Joseph diGenova, começou a falar do futuro conflito cultural: "Já não existe possibilidade de conversa civilizada neste país no futuro próximo [...] será uma guerra total", disse ele. "Eu faço duas coisas: voto e compro armas."[40] Quando Rafael Bardaji disse que "não queremos ser mortos, queremos viver", ele falava metaforicamente.[41] Ingraham promove um grupo de americanos que acredita que, em breve, a política pode se tornar um combate real, com violência real.

Esse pessimismo sombrio, com ecos dos mais alarmistas e radicais movimentos de esquerda e de direita na história da política americana, ajuda a explicar como Ingraham se tornou, antes de muitos outros, uma apoiadora convicta de Donald Trump. Ela conhece Trump desde a década de 1990; eles já saíram juntos, embora, aparentemente, o encontro não tenha acabado bem: ela o achou pomposo ("Ele precisa de dois carros; um para si mesmo e outro para seu cabelo", disse ela a amigos comuns). Mesmo assim, foi uma apoiadora precoce do envolvimento dele na política, permitindo que ele falasse sobre nascimentismo em seu programa. Ela o apoiou durante a convenção republicana antes que o restante do partido fizesse o mesmo. E tem acesso especial a ele na Presidência, sendo uma de várias pessoas na Fox que conversam com ele regularmente.

Sua crença em Trump, ou ao menos na causa que ele defende, modelou profundamente sua cobertura da pandemia de coronavírus na primavera de 2020. Como seus colegas na Fox News, ela primeiro minimizou a história, acusando os democratas de exagerarem a importância do vírus e chamando-o de "novo caminho de ataque ao presidente Trump".[42] Mais tarde, engajou-se em desinformação ativa, ignorando os médicos especialistas e promovendo pesadamente a droga hidroxicloroquina antes que fosse testada; ela a mencionou três dias antes de Trump começar a promovê-la.[43] Em abril, também participou da estranha campanha do presidente contra as políticas de isolamento de sua própria administração, encorajando os "rebeldes" a se manifestarem contra a quarentena. Um de

136 O CREPÚSCULO DA DEMOCRACIA

seus tuítes revela suas visões mais profundas: "Quantos daqueles que urgiram nosso governo a ajudar a libertar iraquianos, sírios, curdos, afegãos etc. estão igualmente comprometidos em libertar Virgínia, Minnesota, Califórnia etc.?"[44] O uso da palavra *libertação* e a equivalência direta entre Saddam Hussein, um homem culpado de assassinatos em massa, e os governadores americanos democraticamente eleitos, que tentavam manter seus cidadãos protegidos de uma epidemia, não são pensamentos de alguém que tem fé na democracia americana.

Alguns elementos da trajetória de Ingraham permanecem misteriosos. Um é sua frequente invocação de valores morais, cristãos e pessoais. Durante um discurso de 2007, ela disse a um grupo em Dallas que "sem virtude, não há Estados Unidos. Sem virtude, seremos governados por tiranos". Então fez uma lista dessas virtudes: "honra, coragem, altruísmo, sacrifício, trabalho duro, responsabilidade pessoal e respeito pelos mais velhos e pelos vulneráveis."[45] Nenhuma dessas virtudes pode ser atribuída a Donald Trump. Mais complicada é a participação dela no opróbio que o presidente dirige a todos os imigrantes e seu medo de que a imigração legal tenha minado "os Estados Unidos que conhecemos e amamos". A própria Ingraham tem três filhos adotados, todos imigrantes.

Não sei como ela explica essas contradições para si mesma porque ela não fala comigo. Como minha amiga Ania Bielecka, ela respondeu a um e-mail e depois ficou em silêncio. Mas há pistas. Alguns amigos nossos comentaram que ela se converteu ao catolicismo e se tornou profundamente religiosa após sobreviver ao câncer de mama: ela disse a um deles que "o único homem que jamais me desapontou foi Jesus". A determinação de que precisou para sobreviver no mundo implacável da mídia de direita — especialmente na Fox News, onde as mulheres frequentemente sofrem pressão para dormir com seus chefes — não deve ser subestimada. Essa combinação de experiências pessoais dá um tom messiânico a alguns de seus comentários públicos. No mesmo discurso de 2007, ela falou de sua conversão religiosa. Se não fosse por sua fé, disse ela, "Eu não estaria aqui [...] provavelmente não estaria viva". E é por isso que ela luta para salvar os Estados Unidos dos descrentes: "Se perdermos a fé em Deus, perderemos nosso país."

PRAIRIE FIRE 137

A ambição profissional, a mais antiga desculpa do mundo, também faz parte da história. Parcialmente graças a Trump e a sua conexão com ele, Ingraham finalmente conseguiu seu próprio programa em horário nobre na Fox, com um salário à altura. Ela conseguiu entrevistas com Trump em momentos decisivos, durante os quais só fez perguntas lisonjeiras. "Falando nisso, parabéns por seus números nas pesquisas", disse ela enquanto o entrevistava no aniversário do Dia D.[46] Mas não acho que, no caso de alguém tão inteligente quanto ela, essa seja toda a explicação. Ela teve um programa de rádio durante os muitos anos nos quais a Fox não lhe deu um programa de TV, e acredito que voltaria a ele se seu programa fosse cancelado. Como no caso de tantas biografias, tentar separar o pessoal do profissional é tolice.

Há algumas pistas sobre seu modo de pensar, retiradas de outros lugares e épocas. Talvez as contradições pessoais — como ter um filho homossexual e apoiar um partido homofóbico, como faz meu amigo polonês, ou condenar a imigração depois de ter adotado três crianças estrangeiras — na verdade *alimentem* o extremismo ou, ao menos, o uso da linguagem extremista. O escritor polonês Jacek Trzynadel descreveu como era, na Polônia stalinista, ser um ruidoso defensor do regime e, ao mesmo tempo, ter dúvidas sobre ele. "Eu estava gritando de uma tribuna em alguma reunião universitária em Breslávia e, simultaneamente, sentindo pânico por estar gritando [...] Eu disse a mim mesmo que tentava convencer [a multidão] com meus gritos, mas, na realidade, tentava convencer a mim mesmo."[47] Para algumas pessoas, a ruidosa defesa de Trump ajuda a disfarçar as profundas dúvidas e mesmo a vergonha que sentem por apoiá-lo. Não é suficiente expressar tépida aprovação por um presidente que está corrompendo a Casa Branca e destruindo as alianças americanas. Você precisa gritar se quiser convencer a si mesmo e aos outros. E precisa exagerar seus sentimentos se quiser torná-los críveis.

Mas a resposta também pode estar, simplesmente, na profundidade do desespero de Ingraham. Os Estados Unidos do presente são um lugar escuro e assustador no qual Deus só fala com um número minúsculo de pessoas; o idealismo está morto, a guerra civil e a violência se aproximam; políticos democraticamente eleitos não são melhores que ditadores estrangeiros e assassinos em massa; e a "elite" chafurda na decadência, na desordem e na morte. Os Estados Unidos do presente, como ela e tantos outros os veem, são um lugar no qual as universidades ensinam as pessoas a odiarem seu país, as vítimas são mais celebradas que os heróis e os antigos valores foram descartados. Qualquer preço deve ser pago, qualquer crime deve ser perdoado e qualquer ultraje deve ser ignorado para ter de volta os Estados Unidos reais, os Estados Unidos de antigamente.

VI

O sem-fim da história

Mudanças políticas profundas como a que vivemos agora — eventos que subitamente dividem famílias e amigos, atravessam classes sociais e reorganizam dramaticamente as alianças — já ocorreram antes. Em anos recentes, não se prestou atenção suficiente à controvérsia francesa do século XIX que prefigurou muitos dos debates do século XX e espelha também os argumentos do século XXI.

O caso Dreyfus começou em 1894, quando foi descoberto um traidor no Exército francês: alguém estava passando informações à Alemanha, que derrotara a França um quarto de século antes e ainda ocupava a antiga província francesa da Alsácia-Lorena. A inteligência militar francesa investigou e alegou ter encontrado o culpado. O capitão Alfred Dreyfus era da Alsácia, falava com sotaque alemão e era judeu — e portanto, aos olhos de alguns, não era francês de verdade. Como se viu mais tarde, ele era inocente. O real espião era o major Ferdinand Esterhazy, outro oficial que, vários anos depois, abdicaria de seu posto e fugiria do país.

Mas os investigadores do Exército francês criaram falsas evidências e prestaram falso testemunho. Dreyfus foi submetido à corte marcial, considerado culpado e submetido a humilhação pública. Perante uma grande e desdenhosa multidão no Campo de Marte, um ajudante de ordens arrancou as insígnias de seu uniforme e quebrou sua espada. Dreyfus gritou em resposta: "Vocês estão degradando um homem inocente! Vida

140   O CREPÚSCULO DA DEMOCRACIA

longa à França! Vida longa ao Exército!"[1] Em seguida, foi enviado para confinamento solitário na ilha do Diabo, na costa da Guiana Francesa.

A controvérsia que se seguiu — Romain Rolland a chamou de "combate entre dois mundos"[2] — dividiu a sociedade francesa ao longo de linhas que subitamente parecem familiares. Aqueles que afirmavam que Dreyfus era culpado eram a direita alternativa — ou o Partido Lei e Justiça, a Frente Nacional ou cultistas do QAnon — de sua época. Usando as gritantes manchetes da imprensa marrom francesa, a versão do século XIX de uma operação de trolls de extrema direita, eles conscientemente deram ímpeto a uma teoria da conspiração. Imprimiram cartazes com serpentes emergindo da cabeça de Dreyfus — um velho tropo antissemita — e cartuns retratando-o como animal com a cauda quebrada, "memes" racistas em uma era anterior ao uso dessa expressão. Seus líderes mentiram para salvaguardar a honra do Exército. Seus partidários se agarraram à crença na culpa de Dreyfus — e na absoluta lealdade que professavam à nação — mesmo depois que a fraude foi revelada.

Para persuadi-los a manter essa lealdade, toda uma equipe de *clercs* do século XIX teve de abandonar o comprometimento com a verdade objetiva. Dreyfus não era espião. Para provar que era, seus opositores tiveram de depreciar as evidências, a lei, a justiça e mesmo o pensamento racional. Como Langbehn, o escritor alemão que idolatrava Rembrandt, eles por fim atacaram a própria ciência, porque ela era moderna e universal e entrava em conflito com o culto emocional da ancestralidade e do lugar. "Em toda obra científica", escreveu um deles, há algo "precário" e "contingente".[3] Eles também atacaram o caráter, a personalidade, a legitimidade e o patriotismo das pessoas que defendiam Dreyfus. Tais pessoas eram "idiotas" e "estrangeiras" e não serviam para ser cidadãs francesas.

Os opositores de Dreyfus chamavam a si mesmos de "verdadeiros franceses" — a verdadeira elite, em oposição à elite "estrangeira" e desleal. Um de seus líderes, Edouard Drumont, criou um jornal, *La Libre Parole* — "A palavra livre" —, que era tanto anticapitalista quanto antissemita, antecipando alguns dos autoritários nacionais-socialistas do século XX e

O SEM-FIM DA HISTÓRIA 141

de nossa própria época. Ele acusou os judeus de conspirarem para destruir o Exército francês, o poderio francês e a própria França.

Os defensores de Dreyfus, entrementes, argumentavam que alguns princípios eram mais elevados que a lealdade às instituições nacionais e que realmente fazia diferença se ele era culpado ou não. Acima de tudo, argumentavam eles, o Estado francês tinha a obrigação de tratar igualmente todos os cidadãos, qualquer que fosse sua religião. Eles também eram patriotas, mas de um tipo diferente. Concebiam a nação não como clã étnico, mas como personificação de um conjunto de ideais: justiça, honestidade, objetividade, neutralidade dos tribunais. Seu patriotismo era mais cerebral, mais abstrato e difícil de compreender, mas não sem apelo próprio. Em seu famosamente passional ensaio "J'accuse", publicado em 1898, Émile Zola declarou não ter animosidade pessoal contra os homens que haviam fabricado o caso contra Dreyfus. Em vez disso, "para mim, eles são somente entidades, espíritos do mal social. E o ato que agora realizo é somente um modo revolucionário de apressar a explosão da verdade e da justiça."[4]

Essas duas visões da nação, essas discordâncias sobre "quem somos", dividiram a França ao meio — ou talvez tenham revelado uma divisão que sempre esteve presente, por baixo das plácidas suposições da França em rápida industrialização e modernização. Os ânimos se exaltaram. Alianças sociais foram modificadas — assim como listas de convidados. Nos últimos volumes de seu grande romance *Em busca do tempo perdido*, Marcel Proust descreveu como o caso Dreyfus arruinou amizades e reorganizou a sociedade. Uma dama elegante de sua história começa a se opor a Dreyfus a fim de ganhar acesso a salões aristocráticos cujos membros a consideram "duplamente meritória" por ser casada com um judeu. Outra, buscando agradar uma anfitriã anti-Dreyfus, "declarou que todas as pessoas em seu mundo eram idiotas".[5] Uma famosa tirinha do sátiro Caran d'Ache mostra uma família francesa jantando. Na primeira cena, todos estão sentados polidamente. Na segunda, estão discutindo, brigando, atirando comida e quebrando móveis. A legenda explica: "Eles tocaram no assunto" — falando do caso Dreyfus. Leon Blum, o

142 O CREPÚSCULO DA DEMOCRACIA

primeiro primeiro-ministro judeu da França, lembrou dos argumentos como "não menos violentos que a Revolução Francesa ou a Primeira Guerra Mundial".[6]

No fim, os defensores de Dreyfus venceram. Ele finalmente voltou para casa em 1899. Foi formalmente perdoado em 1906. No mesmo ano, Georges Clemenceau, que publicara o "J'accuse" de Zola, tornou-se primeiro-ministro da França. Em uma passagem no fim do romance de Proust, o narrador retorna das províncias após uma prolongada doença e descobre que ninguém mais fala sobre Dreyfus — "esse nome foi esquecido" — e todas as alianças mudaram novamente.

Mas a vitória não foi permanente. No início do século XX, uma reação violenta contra Dreyfus ganhou força novamente. Estudantes em Paris começaram a rejeitar o resultado do caso. Eles adotaram uma visão ostensivamente conservadora e, como descreveu o historiador Tom Conner, "baseada em valores tradicionais como família, Igreja e nação".[7] Em 1908 — o mesmo ano em que Emma Goldman questionou a existência do patriotismo americano —, o movimento protofascista Action Française, fundado por um proeminente opositor de Dreyfus, Charles Maurras, organizou uma campanha de ódio contra o historiador Amédée Thalamas. Maurras — Benda o listou como um dos *clercs* — estava enraivecido porque Thalamas ousara sugerir que as visões religiosas de Joana d'Arc podiam ser meras alucinações auditivas, e não sinais sagrados de Deus. Uma gangue de ativistas atacou Thalamas durante uma de suas aulas na Sorbonne e o forçou a se esconder. Maurras finalmente se alinhou ao regime de Vichy, que colaborou com Hitler após 1940 — usando, é claro, o slogan "França primeiro".

A roda política girou novamente. Hitler foi derrotado, Vichy foi derrubada. Maurras foi julgado e condenado como traidor. Ao ouvir o veredito, ele exclamou, mais de meio século após a famosa cena no Campo de Marte: *"C'est la revanche de Dreyfus!"* — "É a vingança de Dreyfus!"

Desde a guerra, impôs-se uma visão diferente da França, baseada no pensamento racional, no estado de direito e na integração com a Europa. Mas o espírito dos *clercs* que difamaram Dreyfus, uniram-se a Vichy e

O SEM-FIM DA HISTÓRIA 143

lutaram pela "França primeiro" sobrevive. O nacionalismo "França para os franceses" de Marine Le Pen, com sua evocação de antigos símbolos e heróis nativos — acima de todos, Joana d'Arc — e o conservadorismo social de Marion Maréchal agora se opõem à visão mais ampla de Emmanuel Macron sobre uma França republicana que ainda defende um conjunto de valores abstratos, entre eles a justiça imparcial e o estado de direito. Às vezes, esse conflito se torna violento. Quando os *gilets jaunes* — os coletes amarelos, anarquistas antiestablishment — se manifestaram em Paris na primavera de 2019, eles destruíram uma estátua de Marianne, o símbolo feminino da República e personificação do Estado abstrato.

O caso Dreyfus surgiu de uma única causa célebre. Um único caso no tribunal — um julgamento disputado — expôs divisões insolúveis entre pessoas que, previamente, não estavam conscientes de discordarem umas das outras ou, ao menos, não estavam conscientes de que isso importava. Duas décadas atrás, diferentes entendimentos da "Polônia" já deviam estar presentes, esperando ser exacerbados pelo acaso, pelas circunstâncias e pelas ambições pessoais. Antes da eleição de Trump, diferentes definições do que significava ser "americano" já estavam em oferta. Mesmo que tenhamos lutado uma guerra civil que combateu poderosamente a definição nativista e étnica do que significa ser americano, ela sobreviveu por tempo bastante para reencarnar em 2016. O referendo do Brexit e os caóticos debates que se seguiram são prova de que algumas antigas ideias sobre a Inglaterra e a inglesidade, há muito submersas em uma definição mais ampla de "Grã-Bretanha", também retêm poderoso apelo. O súbito aumento do apoio ao Vox é um sinal de que o nacionalismo espanhol não desapareceu com a morte de Franco. Ele apenas entrou em hibernação.

Todos esses debates, na França da década de 1890 ou na Polônia da década de 1990, têm em seu âmago as questões centrais deste livro: como uma nação é definida? Quem a define? Quem somos *nós*? Durante muito tempo, imaginamos que tais questões estavam resolvidas — mas por que deveriam estar?

Em agosto de 2019, demos outra festa. Dessa vez, ela ocorreu no verão e houve banho de sol na grama e mergulhos na piscina, em vez de neve e passeios de trenó. No lugar de fogos de artifício, tivemos uma fogueira. Mas não se tratava somente do clima: o sucesso — econômico, político e cultural — da Polônia também tornou as coisas diferentes da véspera de Ano-Novo de 1999. Dessa vez, a empresa dirigida por um amigo local, dono de uma lucrativa cadeia de panificadoras, organizou a comida, que foi muito superior às cubas de ensopado de carne de vinte anos antes. Outro amigo, um ex-membro do Parlamento que também é guitarrista, convidou alguns colegas para tocar, e tivemos música ao vivo, em vez de fitas cassete. Alguns convidados ficaram nos novos hotéis de Nakło nad Notecią, a cidade mais próxima, um deles uma antiga cervejaria belamente convertida por um empresário local, em uma verdadeira obra de amor. Novamente, mantive listas com nome e local onde cada um estava hospedado, mas tudo foi mais fácil, porque todas as coisas que teriam sido luxos impensáveis em 1989 ou mesmo 1999 — coisas como sistemas de som portáteis ou vinagre balsâmico — estão amplamente disponíveis agora, sendo empregadas em milhares de festas e casamentos poloneses todos os fins de semana.

Alguns convidados eram familiares. Uma amiga que viera de Nova York em 1999 retornou em 2019, dessa vez com o marido e o filho. Um casal polonês veio sem os filhos, já crescidos e casados. O grupo que veio de Varsóvia incluía alguns refugiados do que costumava ser a "direita", assim como outros que não teríamos sonhado em convidar vinte anos antes, pessoas que então pertenciam ao que costumávamos chamar de "esquerda". No espaço de tempo entre as duas festas, perdemos alguns amigos, mas ganhamos outros.

Havia outros convidados, incluindo vizinhos do vilarejo, os prefeitos de algumas cidades próximas e, novamente, um pequeno grupo de amigos do exterior, que chegaram de Houston, Londres e Istambul. Em certo momento, observei um guarda-florestal local engajado em uma acalorada discussão com o ex-ministro do Exterior sueco, Carl Bildt, com quem meu marido criara a Parceria Oriental entre a UE e a Ucrânia vários

O SEM-FIM DA HISTÓRIA   145

anos antes. Em outro momento, vi um advogado conhecido, neto de um notório nacionalista polonês da década de 1930, conversando com um amigo de Londres que nascera em Gana. Nas duas décadas anteriores, o mundo encolhera o suficiente para todos eles se encontrarem no mesmo jardim rural polonês.

Também notei que a falsa e exagerada divisão do mundo em "de algum lugar" e "de qualquer lugar" — entre os que supostamente estão enraizados em um único lugar e aqueles que viajam; entre os supostamente "provincianos" e os supostamente "cosmopolitas" — desaparecera completamente. Em nossa festa, não era possível dizer quem pertencia a qual categoria. As pessoas que vivem em nosso obscuro canto da Polônia estavam deliciadas em conversar com pessoas que não vivem aqui. Como vimos, pessoas com backgrounds fundamentalmente diferentes podem se dar muito bem, porque a "identidade" da maioria delas se estende para além dessa simples dualidade. É possível ter raízes em um lugar e, mesmo assim, estar aberto ao mundo. É possível se importar com o local e o global ao mesmo tempo.

Um grupo de convidados ainda não havia nascido ou havia acabado de nascer em 1999. Havia os amigos de escola e universidade de nossos filhos, uma mistura eclética de poloneses, outros europeus e americanos — de Varsóvia, Bydgoszcz, Connecticut e do sul de Londres. Eles chegaram de trem e dormiram no chão ou, em uma ocasião, em uma rede do lado de fora. Eles nadaram no lago, dormiram até tarde e nadaram no lago novamente. Misturaram inglês e polonês, dançaram as mesmas músicas e cantaram as mesmas canções. Nenhuma diferença cultural profunda, nenhum conflito civilizacional, nenhuma distância identitária intransponível parecia dividi-los.

Talvez esses adolescentes que se sentem tanto poloneses quanto europeus, que não ligam se estão na cidade ou na área rural, sejam arautos de algo diferente e melhor, algo que ainda não conseguimos imaginar. Certamente há muitos outros como eles, em muitos países. Recentemente conheci Zuzana Čaputová, por exemplo, a nova presidente da Eslováquia, uma advogada ambiental de cidade pequena que venceu a eleição nacional ao unir — exatamente como o Vox — uma coalizão de pessoas que se importam com coisas díspares: meio ambiente, corrupção, reforma da polícia. Também tive a sorte de conhecer Agon Maliqi, um jovem kosovar que promove ideias liberais e a cultura democrática através de arte, filmes e educação. "O que o Ocidente experimentou como décadas de conflito chegou até nós como um pedaço de papel", disse ele. Seu objetivo é fazer com que as ideias escritas naquele pedaço de papel pareçam reais para as pessoas comuns. Fiz um podcast com a suíça Flavia Kleiner, uma estudante de história que cansou da versão de nostalgia restauradora de seu país e decidiu lutar contra ela. Ela e alguns amigos se declararam "filhos de 1848" — descendentes da revolução liberal na Suíça —, começaram a promover um tipo diferente de patriotismo, on-line e off-line, e ajudaram a derrotar alguns referendos nacionalistas. A Europa, os Estados Unidos e o mundo estão cheios de pessoas — urbanas e rurais, provincianas e cosmopolitas — com ideias criativas e interessantes sobre como viver em um mundo mais justo e mais aberto.

Elas têm muitos obstáculos a superar. Na primavera de 2020, conforme o novo coronavírus se espalhava pela Europa e pelo mundo, seu otimismo global — qualquer otimismo global — subitamente pareceu ingênuo. No dia 13 de março — uma sexta-feira 13 —, meu marido estava dirigindo por uma rodovia polonesa quando ligou o rádio e ouviu que as fronteiras do país seriam fechadas em 24 horas. Ele parou no acostamento e me ligou. Comprei uma passagem de avião de Londres para Varsóvia minutos depois. Na manhã seguinte, o aeroporto de Heathrow parecia sinistramente vazio, com exceção do voo para Varsóvia, que estava lotado de pessoas tentando embarcar no último avião comercial para seu país. Durante o check-in, agentes se recusaram a permitir o embarque de passageiros sem passaporte polonês (eu tenho um) ou documentos de residência. Então alguém percebeu que as novas regras só começavam a valer a partir da meia-noite, de modo que testemunhei uma conversa entre um agente e dois passageiros não poloneses: "Vocês entendem que talvez não consigam sair do país? Entendem que podem ficar em Varsóvia por muito tempo?"

O SEM-FIM DA HISTÓRIA   147

No mesmo dia, telefonamos para nosso filho, que estava no primeiro ano da faculdade nos Estados Unidos, e dissemos a ele para correr para o aeroporto. Ele planejara ficar na casa de amigos quando a universidade fechasse. Em vez disso, demos a ele meia hora para embarcar em um dos últimos voos para Londres, que fazia conexão com um dos últimos voos para Berlim. Quando ele aterrissou na Europa no domingo, a Polônia havia fechado as fronteiras para todo tipo de transporte público. Ele pegou um trem de Berlim para a cidade de Frankfurt an der Oder, na fronteira polonesa-alemã. Então desceu do trem e atravessou a pé a ponte fronteiriça, carregando sua bagagem, como em um filme de troca de espiões durante a Guerra Fria. Ele viu bloqueios rodoviários, soldados armados, homens com roupas de proteção aferindo temperaturas e drones no ar, maravilhando-se, entre outras coisas, porque jamais vira uma fronteira na Europa continental. Meu marido o buscou do outro lado. Nosso outro filho permaneceu do lado de lá do Atlântico, sem poder sair, durante muitas semanas.

A decisão aparentemente não planejada do governo polonês de fechar as fronteiras causou muito caos. Cidadãos poloneses ficaram isolados em muitos lugares e o governo foi forçado a fretar voos para levá-los para casa. Milhares de cidadãos da Ucrânia, de Belarus e dos Países Bálticos — incluindo motoristas de caminhão e turistas tentando ir para casa — ficaram presos em seus carros na fronteira polonesa-alemã durante vários dias, usando os campos próximos como banheiro, porque os guardas recusavam a entrada de não poloneses. A Cruz Vermelha alemã distribuiu bebidas, alimentos e cobertores. Nenhuma dessas duras e dramáticas medidas impediu o vírus: a epidemia já começara a se disseminar e continuou se disseminando mesmo depois que as fronteiras foram fechadas. Os hospitais poloneses rapidamente ficaram lotados, inclusive porque a retórica do governo nacionalista persuadira muitos médicos a deixar o país nos cinco anos anteriores. Mas, a despeito do caos — talvez mesmo por causa do caos —, o fechamento das fronteiras foi imensamente popular. O Estado estava *fazendo* algo. E isso pode anunciar o que está por vir.

148   O CREPÚSCULO DA DEMOCRACIA

Historicamente, as pandemias levaram à expansão do poder do Estado: quando as pessoas temem morrer, elas concordam, tendo ou não razão, com medidas que acreditam serem capazes de salvá-las, mesmo que signifiquem perda de liberdade. Na Grã-Bretanha, na Alemanha, na França, nos Estados Unidos e em muitos outros países, houve consenso de que as pessoas precisavam ficar em casa, a quarentena precisava ser imposta e a polícia precisava desempenhar um papel excepcional. Mas, em alguns lugares, o medo da doença se tornou, juntamente com outros aspectos inquietantes da modernidade, inspiração para uma nova geração de nacionalistas autoritários. Nigel Farage, Laura Ingraham, Mária Schmidt e Jacek Kurski, juntamente com os trolls que trabalham para o Vox na Espanha ou para a direita alternativa nos Estados Unidos, já haviam preparado o campo intelectual para esse tipo de mudança — e ela ocorreu. No fim de março, Viktor Orbán promulgou uma lei permitindo-lhe governar por decreto e autorizando sua administração a prender jornalistas por cinco anos caso criticassem os esforços oficiais para lutar contra o vírus. Não havia necessidade de tais medidas, e elas não ajudaram os hospitais húngaros, que já sofriam, como os poloneses, com a falta de investimentos e a emigração. A questão era usar as medidas para encerrar o debate. Políticos da oposição que se manifestaram foram desdenhosamente chamados de "pró-vírus" pela mídia estatal.

Pode ser um ponto de virada. Talvez meus filhos e seus amigos — todos os nossos amigos, e todos nós, na verdade, que queremos continuar vivendo em um mundo no qual podemos dizer o que pensamos, o debate racional é possível, o conhecimento e a especialização são respeitados e as fronteiras podem ser atravessadas com facilidade — representem um dos muitos becos sem saída da história. Podemos estar condenados, como a brilhante e multiétnica Viena dos Habsburgo ou a criativa e decadente Berlim de Weimar, a nos tornarmos irrelevantes. É possível que já estejamos vivendo o crepúsculo da democracia; que nossa civilização já esteja caminhando para a anarquia ou a tirania, como temiam os antigos filósofos e os fundadores americanos; que uma nova geração de *clercs,* os defensores de ideias iliberais ou autoritárias, cheguem ao poder

O SEM-FIM DA HISTÓRIA

no século XXI, assim como fizeram no século XX; e que suas visões de mundo, nascidas do ressentimento, da raiva ou de sonhos messiânicos, possam triunfar. Talvez as novas tecnologias de informação continuem a minar o consenso, a dividir as pessoas e a aumentar a polarização, até que somente a violência possa determinar quem governa. Talvez o medo da doença crie medo da liberdade.

Ou talvez o coronavírus inspire um novo senso de solidariedade global. Talvez possamos renovar e modernizar nossas instituições. Talvez a cooperação internacional se expanda quando o mundo inteiro tiver passado pelo mesmo conjunto de experiências ao mesmo tempo: isolamento, quarentena, medo de infecção, medo da morte. Talvez os cientistas do mundo todo encontrem novas maneiras de colaborar, acima e além da política. Talvez a realidade da doença e da morte ensine as pessoas a suspeitarem de mascates, mentirosos e fornecedores de desinformação.

Enlouquecedoramente, temos de aceitar que ambos os futuros são possíveis. Nenhuma vitória política jamais é permanente; nenhuma definição de "nação" tem garantia de durar; e nenhuma elite, de nenhum tipo, seja "populista", "liberal" ou "aristocrática", governa para sempre. Vista de longe, a história do antigo Egito parece uma narrativa monótona com faraós intercambiáveis. Mas, vista de perto, ela inclui períodos de leveza cultural e eras de trevas despóticas. Nossa história algum dia também parecerá assim.

Comecei com Julian Benda, um francês que, escrevendo na década de 1920, antecipou futuras turbulências. Vou concluir com um italiano que, escrevendo na década de 1950, viveu o equivalente a uma vida inteira de turbulências. O romancista Ignazio Silone tinha exatamente a idade que tenho agora ao escrever "A escolha de camaradas", um ensaio no qual tentou descrever, entre outras coisas, por que ainda estava engajado na política, a despeito de tantas decepções e derrotas. Silone se filiara ao Partido Comunista; alguns acreditam que pode ter colaborado com o fascismo, antes de também rejeitá-lo. Ele viveu guerras e revoluções, teve ilusões e desilusões, escreveu como anticomunista e antifascista. Viu os excessos de dois tipos diferentes de política extremista. Mesmo assim,

150   O CREPÚSCULO DA DEMOCRACIA

achava que a luta valia a pena. Não porque houvesse um nirvana a ser obtido ou uma sociedade perfeita a ser construída, mas porque a apatia era tão entorpecedora, tão paralisante, tão destruidora para a alma.

Também pertenceu a uma era na qual as pessoas viviam, como hoje, tanto com a extrema direita quanto com a extrema esquerda, com diferentes tipos de extremistas gritando ao mesmo tempo. Muitos de seus compatriotas reagiram declarando que "todos os políticos são corruptos", "todos os jornalistas mentem" ou "não podemos acreditar em nada". Na Itália do pós-guerra, essa forma de ceticismo, antipolítica e indiferença até mesmo ganhou um nome, *qualunquismo*. Silone entendeu seu impacto. "Regimes políticos vêm e vão", escreveu ele, mas "os maus hábitos permanecem" — e o pior deles era o niilismo, "uma doença do espírito que só pode ser diagnosticada por aqueles que são imunes ou já foram curados, mas à qual a maioria está bastante alheia, pois acham que corresponde a um modo de ser perfeitamente natural: 'Sempre foi assim, sempre será assim'".

Silone não ofereceu uma panaceia ou um antídoto miraculoso, porque eles não existem. Não existe solução final, nenhuma teoria que explique tudo. Não há mapa para uma sociedade melhor, nenhuma ideologia didática, nenhum livro de regras. Tudo que podemos fazer é escolher nossos aliados e amigos — nossos camaradas, como disse ele — com muito cuidado, pois somente com eles será possível evitar as tentações das diferentes formas de autoritarismo novamente em oferta. Como todos os autoritarismos dividem, polarizam e separam as pessoas em campos rivais, a luta contra eles exige novas coalizões. Juntos, podemos fazer palavras antigas e mal compreendidas, como *liberalismo*, adquirirem sentido novamente; juntos, podemos lutar contra mentiras e mentirosos; juntos, podemos repensar o que a democracia deve ser em uma era digital.

Como refugiados se esforçando para chegar a um objetivo distante por uma estrada sombria, escreveu Silone, somos forçados a abrir caminho através da noite sem saber se chegaremos ou não: "O antigo e claro céu mediterrâneo, outrora cheio de constelações brilhantes, está encoberto;

O SEM-FIM DA HISTÓRIA   151

mas esse pequeno círculo de luz permanece e nos permite, ao menos, enxergar nosso próximo passo."[8]

Eu tenho sorte por ter passado tanto tempo com pessoas que se importam com o que acontece depois que damos o próximo passo.

Para alguns, a precariedade do momento atual parece assustadora e, mesmo assim, a incerteza sempre esteve presente. O liberalismo de John Stuart Mill, Thomas Jefferson ou Václav Havel jamais prometeu nada permanente. Os freios e contrapesos das democracias constitucionais ocidentais jamais garantiram estabilidade. Eles sempre exigiram certa tolerância pela cacofonia e pelo caos, assim como certa disposição em reagir às pessoas que criam cacofonia e caos.

Eles sempre reconheceram a possibilidade de fracasso — um fracasso que mudaria os planos, alteraria vidas, separaria famílias. Sempre soubemos, ou deveríamos saber, que a história poderia mais uma vez tocar nossas vidas privadas e modificá-las. Sempre soubemos, ou deveríamos saber, que visões alternativas de nossas nações tentariam nos atrair. Mas talvez, abrindo caminho através da escuridão, descubramos que, juntos, podemos resistir a elas.

AGRADECIMENTOS

Christian Caryl, Danielle Crittenden, David Frum, Cullen Murphy, Cristina Odone, Peter Pomerantsev, Alexander Sikorski, Radek Sikorski, Christina Hoff Sommers, Jacob Weisberg e Leon Wieseltier leram capítulos ou versões preliminares deste livro, pelo que sou extremamente grata. Jeff Goldberg encomendou o artigo para a *The Atlantic* que inspirou este livro, e Scott Stossel, Denise Wills e o restante da equipe de edição da *The Atlantic* ajudaram a modelar meu modo de pensar sobre ele. Fred Hiatt e Jackson Diehl, da página editorial do *The Washington Post*, enviaram-me à Espanha para pesquisar e relatar o que se tornou a parte espanhola deste livro; ainda mais importante, muitas das outras ideias presentes aqui foram exploradas primeiro em colunas que escrevi para o *The Washington Post* nas últimas duas décadas.

Este é o quarto livro organizado com a mesma equipe editorial transatlântica, Stuart Proffitt em Londres e Kristine Puopolo em Nova York, e o mesmo agente, o lendário Georges Borchardt. Todos foram extremamente pacientes com este projeto, muito diferente dos anteriores, e sou grata por sua dedicação. Meus agradecimentos a Maryanne Warrick por ajudar a organizar as notas, e a Daniel Meyer, Nora Reichard e Alice Skinner pela ajuda com a produção e o copidesque.

Notas

I. Véspera de Ano-Novo

1. "Kulisy, cele, metody, pieniądze. Jak działa inwazja LGBT", TVPINFO, 10 de outubro de 2019, https://www.tvp.info/44779437/kulisy-cele-metody-
-pieniadze-jak-dziala-inwazja-lgbt.

2. Marek Jędraszewski, arcebispo de Cracóvia, citado em Filip Mazurczak, "Krakow's Archbishop Jędraszewski under Fire for Remarks about 'Rainbow Plague'", *Catholic World Report*, 16 de agosto de 2019, https://www.catholic-worldreport.com/2019/08/16/krakows-archbishop-jedraszewski-under-fire-for-
-remarks-about-rainbow-plague/.

3. Os filmes investigativos incluem "Pierwszy film śledczy o tragedii smoleńskie", 10 de abril de 2010, https://www.youtube.com/watch?v=_Rja-BrqoLmw; "Magazyn śledczy Anity Gargas", TVP, 29 de março de 2018, https://vod.tvp.pl/video/magazyn-sledczy-anity-gargas,29032018,36323634; "Jak 8 lat po katastrofie wygląda Smoleńsk?", TVPINFO, 5 de abril de 2018, https://www.tvp.info/36677837/jak-8-lat-po-katastrofie-wyglada-smolensk-
-magazyn-sledczy-anity-gargas; "Magazyn śledczy Anity Gargas", TVP, 27 de fevereiro de 2020, https://vod.tvp.pl/video/magazyn-sledczy-anity-
-gargas,27022020,46542067.

4. Rafal Ziemkiewicz, postagem do Twitter, https://twitter.com/R_A_Ziemkiewicz/status/637584669115072512?2=20.

5. Rafal Ziemkiewicz, *Fakty Interia*, 13 de abril de 2018, https://fakty.interia.pl/opinie/ziemkiewicz/news-czy-izrael-jest-glupi,nId,2568878.

156   O CREPÚSCULO DA DEMOCRACIA

6. Rafal Ziemkiewicz, *Wirtualne Media*, 2 de fevereiro de 2018, https://www.wirtualnemedia.pl/artykul/rafal-ziemkiewicz-nie-mam-powodu-przepraszac--za-parchow-i-zydowskie-obozy-zaglady-marcin-wolski-dal-sie-podejsc.

7. Junho de 2016, https://wiadomosci.gazeta.pl/wiadomosci/1,114883,20191010,na-okladce-wprost-jasniejaca-twarz-lewandowskiego-czyli-jak.html.

8. 5 de setembro de 2016, http://www.publio.pl/tygodnik-do-rzeczy,p147348.html.

9. A *think tank* mais tarde corrigiu a matéria, mas a TVP jamais a removeu de seus arquivos. TVP, 21 de setembro de 2016, https://www.tvp.info/27026877/think-tank-w-waszyngtonie-po-tym-artykule-zwolnil-pania-applebaum-ze--wspolpracy.

10. Mihail Sebastian, *Journal 1935-1944: The Fascist Years* (Lanham: Rowman & Littlefield, 2012).

11. Mihail Sebastian, *For Two Thousand Years,* tradução de Philip Ó Ceallaigh (Nova York: Other Press, 2017). [Ed. bras.: *Por dois mil anos: um estudante judeu na Romênia antissemita dos anos 1930*. São Paulo: Amarilys, 2017.]

12. Platão, *Republic,* edição e tradução de C. J. Emlyn-Jones e William Preddy (Cambridge: Harvard University Press, 2013). [Ed. bras.: *A República*. São Paulo: Edipro, 2019.]

13. Alexander Hamilton, John Jay e James Madison, *The Federalist Papers*, n. 68.

14. Hannah Arendt, *The Origins of Totalitarianism* (Londres: Penguin Classics, 2017). [Ed. bras.: *As origens do totalitarismo*. São Paulo: Companhia das Letras, 2013.]

15. Entrevista da autora com Karen Stenner, 19 de julho de 2019.

16. Julien Benda, *The Betrayal of the Intellectuals* (Boston: Beacon Press, 1955). [Ed. bras.: *A traição dos intelectuais*. São Paulo: Peixoto Neto, 2007.]

II. Como os demagogos vencem

1. Hannah Arendt, *The Origins of Totalitarianism* (Londres: Penguin Classics, 2017). [Ed. bras.: *As origens do totalitarismo*. São Paulo: Companhia das Letras, 2013.]

NOTAS   157

2. Vladimir Lenin, "Draft Resolution on Freedom of the Press", *Pravda,* 7 de novembro de 1932, https://www.marxists.org/ar.chive/lenin/works/1917/nov/04.htm.

3. Vladimir Lenin, discurso durante a sessão de abertura do Primeiro Congresso da Internacional Comunista, 2 de março de 1919, https://www.marxists.org/archive/lenin/works/1919/mar/comintern.htm.

4. Lenin, discurso durante o Primeiro Congresso da Internacional Comunista, 14 de março de 1919.

5. "Kaczyński krytykuje donosicieli. Gorszy sort Polaków", YouTube, 16 de dezembro de 2015, https://www.youtube.com/watch?v=SKFgVD2KGXw.

6. Entrevista da autora com Jarosław Kurski, 2 de abril de 2016.

7. Entrevista da autora com uma fonte anônima, 4 de abril de 2016.

8. Jacek Kurski, citado em Agnieszka Kublik, "Kłamczuszek Jacek Kurski", *Wyborcza.pl,* 19 de maio de 2015, https://wyborcza.pl/politykaekstra/1,132 907,17946914,Klamczuszek_Jacek_Kurski.html.

9. Entrevista da autora com o senador Bogdan Borusewicz, 6 de abril de 2016.

10. Reimpresso em "'Ordynarna manipulacja' TVP Info", *Wiadomosci,* 21 de abril de 2018, https://wiadomosci.wp.pl/czy-oni-ludzi-naprawde-maja-za-durni--ordynarna-manipulacja-tvp-info-6243821849708161a.

11. Jan Cienski, "Polish President Bucks Ruling Party over Judicial Reforms: During a Bad-Tempered Debate, Jarosław Kaczyński Accuses the Opposition of 'Murdering' His Brother", *Politico,* 18 de julho de 2017, https://www.politico.eu/article/polish-president-bucks-ruling-party-over-judicial-reforms/.

12. Pablo Gorondi, Associated Press, 12 de abril de 2018, https://apnews.com/6fc8ca916bdf4598857f58ec4af198b2/Hungary:-Pro-govt-weekly-prints--list-of-%27Soros-mercenaries%27.

13. Entrevista da autora com Mária Schmidt, 14 de novembro de 2017.

14. Ivan Krastev e Stephen Holmes, "How Liberalism Became 'the God That Failed' in Eastern Europe", *Guardian,* 24 de outubro de 2019, https://www.

theguardian.com/world/2019/oct/24/western-liberalism-failed-post-communist-eastern-europe.

15. Vladimir Lenin, "Working Class and Bourgeois Democracy", *Vperyod* 11, n. 3 (24 de janeiro de 1905), https://www.marxists.org/archive/lenin/works/1905/jan/24.htm.

16. Julien Benda, *The Betrayal of the Intellectuals* (Boston: Beacon Press, 1955). [Ed. bras.: *A traição dos intelectuais*. São Paulo: Peixoto Neto, 2007.]

III. O FUTURO DA NOSTALGIA

1. Conversa da autora com Stathis Kalyvas, 21 de junho de 2018.

2. Evelyn Waugh, *Decline and Fall* (Londres: Chapman & Hall, 1928). [Ed. bras.: *Declínio e queda*. São Paulo: Companhia das Letras, 1997.]

3. Boris Johnson, entrevista a Sue Lawley, *Desert Island Discs*, BBC, 4 de novembro de 2005, https://www.bbc.co.uk/programmes/p00935b6.

4. Geoffrey Wheatcroft, "Not-So-Special Relationship: Dean Acheson and the Myth of Anglo-American Unity", *Spectator*, 5 de janeiro de 2013, https://www.spectator.co.uk/2013/01/not-so-special-relationship/.

5. Graham Greene, *The Quiet American* (Melbourne: Heinemann, 1955). [Ed. bras.: *O americano tranquilo*. Rio de Janeiro: Biblioteca Azul, 2016.]

6. Boris Johnson, citado em James Pickford e George Parker, "Does Boris Johnson Want to Be Prime Minister?", *Financial Times*, 27 de setembro de 2013, https://www.ft.com/content/f5b6a84a-263c-11e3-8ef6-00144feab7de.

7. Boris Johnson, "Athenian Civilisation: The Glory That Endures", discurso no Legatum Institute, 4 de setembro de 2014, https://www.youtube.com/watch?v=qeSjF2nNEHw.

8. Lizzy Buchan, "Boris Johnson 'Thought Brexit Would Lose, but Wanted to Be Romantic, Patriotic Hero', says David Cameron", *Independent*, 16 de setembro de 2019, https://www.independent.co.uk/news/uk/politics/boris-johnson-brexit-david-cameron-leave-remain-vote-support-a9107296.html.

NOTAS 159

9. Svetlana Boym, *The Future of Nostalgia* (Nova York: Basic Books, 2016).

10. Fritz Stern, *The Politics of Cultural Despair: A Study in the Rise of the Germanic Ideology* (Berkeley: University of California Press, 1961).

11. Julius Langbehn, *Rembrandt as Educator* (Londres: Wermod and Wermod Publishing Group, 2018).

12. Charles Moore, *Margaret Thatcher, The Authorized Biography, Vol. 3: Herself Alone* (Londres: Penguin Books, 2019).

13. Simon Heffer, "The Sooner the 1960s Are Over, the Better", *Telegraph*, 7 de janeiro de 2006, https://www.telegraph.co.uk/comment/personal-view/3622149/Simon-Heffer-on-Saturday.html.

14. Simon Heffer, "David Cameron Is Likely to Win, but Don't Expect a Conservative Government", *Telegraph*, 28 de julho de 2009, https://www.telegraph.co.uk/comment/columnists/simonheffer/5926966/David-Cameron--is-likely-to-win-but-dont-expect-a-Conservative-government.html.

15. Simon Heffer, "David Cameron's Disgraceful Dishonesty over the EU Is Turning Britain into a Banana Republic", *Telegraph*, 21 de maio de 2016, https://www.telegraph.co.uk/opinion/2016/05/21/david-camerons-disgraceful--dishonesty-over-the-eu-is-turning-bri/.

16. Roger Scruton, *England: An Elegy* (Londres: Pimlico, 2001).

17. William Cash, entrevista a Simon Walters, "Tory MP and Son of a War Hero Compares Current Situation to Pre-War Europe and Warns Britain Is Heading for Appeasement", *Daily Mail*, 13 de fevereiro de 2016, https://www.dailymail.co.uk/news/article-3446036/Tory-MP-son-war-hero-compares-current-situation-pre-war-Europe-warns-Britain-heading-APPEASEMENT.html.

18. Simon Heffer, "The EU Empire Is Going to Fail. On Thursday, We Can Protect Britain from the Chaos of Its Death Throes", *Telegraph*, 19 de junho de 2016, https://www.telegraph.co.uk/news/2016/06/19/the-eu-empire-is-going--to-fail-on-thursday-we-can-protect-britai/.

19. Dominic Cummings, "On the Referendum #33: High Performance Government, 'Cognitive Technologies', Michael Nielsen, Bret Victor, & 'Seeing

Rooms'", *Dominic Cummings's Blog,* 26 de junho de 2019, https://dominiccummings.com/2019/06/26/on-the-referendum-33-high-performance-government--cognitive-technologies-michael-nielsen-bret-victor-seeing-rooms/.

20. Ibid.

21. Bagehot, "An Interview with Dominic Cummings", *Economist,* 21 de janeiro de 2016, https://www.economist.com/bagehots-notebook/2016/01/21/an-interview-with-dominic-cummings.

22. Simon Heffer, "The Collapse of the Euro Would Open the Door to Democracy", *Telegraph,* 25 de maio de 2010, https://www.telegraph.co.uk/comment/columnists/simonheffer/7765275/The-collapse-of-the-euro-would--open-the-door-to-democracy.html.

23. "Brexit Brief: Dreaming of Sovereignty", *Economist,* 19 de março de 2016, https://www.economist.com/britain/2016/03/19/dreaming-of-sovereignty.

24. Primeira página, *Daily Mail,* 3 de novembro de 2016.

25. James Slack, "Enemies of the People: Fury over 'Out of Touch' Judges Who Have 'Declared War on Democracy' by Defying 17.4m Brexit Voters and Who Could Trigger Constitutional Crisis", *Daily Mail,* 3 de novembro de 2016, https://www.dailymail.co.uk/news/article-3903436/Enemies-people-Fury--touch-judges-defied-17-4m-Brexit-voters-trigger-constitutional-crisis.html.

26. Primeira página, *Daily Mail,* 19 de abril de 2017, https://www.dailymail.co.uk/debate/article-4427192/DAILY-MAIL-COMMENT-saboteurs-simmer--down.html.

27. Simon Heffer, "The EU Empire Is Going to Fail. On Thursday, We Can Protect Britain from the Chaos of Its Death Throes", *Telegraph,* 19 de junho de 2016, https://www.telegraph.co.uk/news/2016/06/19/the-eu-empire-is-going--to-fail-on-thursday-we-can-protect-britai/.

28. "British Workers 'Among Worst Idlers', Suggest Tory MPs", BBC, 18 de agosto de 2020, https://www.bbc.com/news/uk-politics-19300051.

29. Boris Johnson, "The Rest of the World Believes in Britain. It's Time That We Did Too", *Telegraph,* 15 de julho de 2018, https://www.telegraph.co.uk/politics/2018/07/15/rest-world-believes-britain-time-did/.

NOTAS 161

30. Entrevista da autora com Nick Cohen, março de 2020; Nick Cohen, "Why Are Labour's Leaders So Quiet on Europe? Maybe It's the Lure of Disaster?", *Guardian,* 16 de dezembro de 2018, https://www.theguardian.com/commentisfree/2018/dec/16/why-are-labour-party-leaders-so-quiet-on-europe---maybe--it-is-the-lure-of-disaster.

31. Thomas Fazi e William Mitchell, "Why the Left Should Embrace Brexit", *Jacobin,* 29 de abril de 2018, https://www.jacobinmag.com/2018/04/brexit--labour-party-socialist-left-corbyn.

32. Anne Applebaum, "How Viktor Orbán Duped the Brexiteers", *Spectator USA,* 22 de setembro de 2018, https://spectator.us/viktor-orban-duped--brexiteers/.

33. John O'Sullivan, *The Second Term of Viktor Orbán: Beyond Prejudice and Enthusiasm* (Social Affairs Unit, junho de 2015).

34. Christopher Caldwell, "Hungary and the Future of Europe: Viktor Orbán's Escalating Conflict with Liberalism", *Claremont Review of Books,* primavera de 2019, https://claremontreviewofbooks.com/hungary-and-the-future-of--europe/.

35. Entrevista da autora com John O'Sullivan, 4 de outubro de 2019.

36. Robert Merrick, "Fury as Boris Johnson Accuses Rebel Alliance MPs of 'Collaboration' with Foreign Governments over Brexit", *Independent,* 1º de outubro de 2019, https://www.independent.co.uk/news/uk/politics/boris--johnson-brexit-no-deal-latest-news-legal-advice-collusion-a9127781.html.

37. Manifesto do Partido Conservador e Unionista, 2019, https://assets--global.website-files.com/5da42e2cae7ebd3f8bde353c/5dda924905da587992a 064ba_Conservative%202019%20Manifesto.pdf.

38. Rajeev Syal, "Dominic Cummings Calls for 'Weirdos and Misfits' for No 10 Jobs: Boris Johnson's Chief Adviser Touts for 'Unusual' Applicants Outside of the Oxbridge Set", *Guardian,* 2 de janeiro de 2020, https://www.theguardian.com/politics/2020/jan/02/dominic-cummings-calls-for-weirdos--and-misfits-for-no-10-jobs.

39. Dean Acheson, discurso em West Point, 5 de dezembro de 1962.

IV. Cascatas de falsidades

1. Entrevista da autora com Karen Stenner, 19 de julho de 2019.

2. Jean-François Revel, *The Totalitarian Temptation* (Nova York: Penguin Books, 1978). [Ed. bras.: *A tentação totalitária*. Rio de Janeiro, Difel, 1976.]

3. Isaiah Berlin, *Four Essays on Liberty* (Oxford: Oxford University Press, 1992). [Ed. bras.: *Quatro ensaios sobre a liberdade*. Brasília: Editora da Universidade de Brasília, 1969.]

4. Olga Tokarczuk, discurso de aceitação do prêmio Nobel, Academia Sueca, Estocolmo, 7 de dezembro de 2019, https://www.nobelprize.org/prizes/literature/2018/tokarczuk/lecture/.

5. "Un nuevo comienzo", VOX, 7 de junho de 2016, https://www.youtube.com/watch?v=RaSIX4-RPAI.

6. Ortega Smith, citado em Anne Applebaum, "Want to Build a Far-Right Movement? Spain's VOX Party Shows How", *Washington Post,* 2 de maio de 2019, https://www.washingtonpost.com/graphics/2019/opinions/spains-far-right-vox-party-shot-from-social-media-into-parliament-overnight-how/.

7. Santiago Abascal, postagem do Twitter, https://twitter.com/Santi_ABASCAL/status/1062842722791424002?s=20.

8. Applebaum, "Want to Build a Far-Right Movement?"

9. Entrevista da autora com Rafael Bardaji.

10. Entrevista da autora com Ivan Espinosa, 9 de abril de 2019.

11. Institute for Strategic Dialogue, *2019 EU Elections Information Operations Analysis: Interim Briefing Paper* (2019).

12. Santiago Abascal, postagem no Twitter, https://twitter.com/Santi_ABASCAL/status/1117890168340586497.

13. Marion Maréchal, citada em Anne Applebaum, "This Is How Reaganism and Thatcherism End", *Atlantic,* 10 de fevereiro de 2020, https://www.theatlantic.com/ideas/archive/2020/02/the-sad-path-from-reaganism-to-national-conservatism/606304/.

NOTAS 163

14. "Discours du Président Emmanuel Macron devant les étudiants de l'Université Jagellonne de Cracovie", https://www.elysee.fr/emmanuel-macron/2020/02/05/discours-du-president-emmanuel-macron-devant-les-etudiants-de-luniversite-jagellonne-de-cracovie.

V. PRAIRIE FIRE

1. Abraham Lincoln, Mensagem Anual ao Congresso, 1º de dezembro de 1862.

2. Reverendo Martin Luther King Jr., discurso "I Have a Dream", Washington, 28 de agosto de 1963.

3. Thomas Jefferson, carta a John Breckinridge, 29 de janeiro de 1800, https://founders.archives.gov/documents/Jefferson/01-31-02-0292.

4. Ronald Reagan, "Farewell Address to the Nation", Washington, 12 de janeiro de 1989, https://www.nytimes.com/1989/01/12/news/transcript-of-reagan-s--farewell-address-to-american-people.html.

5. Emma Goldman, *Anarchism and Other Essays* (Nova York: Mother Earth Pub. Association, 3ª edição revisada, 1917).

6. Emma Goldman, "What Is Patriotism?", discurso em 26 de abril de 1908, São Francisco, Califórnia, https://awpc.cattcenter.iastate.edu/2017/03/09/what-is-patriotism-april-26-1908/.

7. Goldman, *Anarchism and Other Essays*.

8. *Prairie Fire: The Politics of Revolutionary Anti-Imperialism — Political Statement of the Weather Underground,* 1974, https://www.sds-1960s.org/PrairieFire-reprint.pdf.

9. Howard Zinn, "The Power and the Glory: The Myths of American Exceptionalism", *Boston Review,* 1º de junho de 2005, http://bostonreview.net/zinn-power-glory.

10. Michael Gerson, "The Last Temptation", *Atlantic,* abril de 2018, https://www.theatlantic.com/magazine/archive/2018/04/the-last-temptation/554066/.

11. Eric Metaxas, entrevista a Mike Gallagher, 22 de junho de 2016, https://www.rightwingwatch.org/post/eric-metaxas-we-are-on-the-verge-of-losing--america-under-clinton-presidency-as-we-could-have-lost-it-in-the-civil-war/.

164   O CREPÚSCULO DA DEMOCRACIA

12. Brian Tashman, "Franklin Graham: 'The End Is Coming', Thanks to Gays, Obama", *Right Wing Watch,* 8 de junho de 2015, https://www.rightwingwatch. org/post/franklin-graham-the-end-is-coming-thanks-to-gays-obama/.

13. Patrick J. Buchanan, site oficial, 11 de outubro de 1999, https://buchanan. org/blog/pjb-the-new-patriotism-329.

14. Buchanan, site oficial, 26 de maio de 2016, https://buchanan.org/blog/ great-white-hope-125286.

15. Patrick J. Buchanan, *Hardball,* 30 de setembro de 2002.

16. Patrick J. Buchanan, "How to Avoid a New Cold War", *American Conservative,* 3 de janeiro de 2017, https://www.theamericanconservative.com/ buchanan/how-to-avoid-a-new-cold-war/.

17. Donald Trump, entrevista a *Fox and Friends,* Fox News, 10 de fevereiro de 2014, https://video.foxnews.com/v/3179604851001#sp=show-clips.

18. Paul Blumenthal e J. M. Rieger, "Steve Bannon Thinks Dark Days Are Coming and War Is Inevitable", *Huffington Post,* 8 de fevereiro de 2017, https://www.huffpost.com/entry/steve-bannon-apocalypse_n_5898f02ee 4b040613138a951.

19. Steve Bannon, discurso durante o Tax Day Tea Party, Nova York, 15 de abril de 2010, https://www.youtube.com/watch?v=Jf_Yj5XxUE0.

20. Donald J. Trump, discurso de posse, Washington, 20 de janeiro de 2017, https://www.whitehouse.gov/briefings-statements/the-inaugural-address/.

21. Donald J. Trump, "Remarks from President Trump to the People of Poland", Varsóvia, 6 de julho de 2017, https://www.whitehouse.gov/briefings- -statements/remarks-president-trump-people-poland/.

22. Donald J. Trump, entrevista a Bill O'Reilly, Fox Sports, 4 de fevereiro de 2017, https://www.youtube.com/watch?v=tZXsYuJIGTg.

23. Donald J. Trump, entrevista a Joe Scarborough, *Morning Joe,* 18 de dezembro de 2015, https://www.washingtonpost.com/news/the-fix/wp/2015/12/18/ donald-trump-glad-to-be-endorsed-by-russias-top-journalist-murderer/.

NOTAS

24. *Prairie Fire.*

25. Donald Trump, entrevista a *Fox and Friends,* Fox News, 26 de abril de 2018, https://www.youtube.com/watch?v=5OjyHhz3_BM.

26. Jeane Kirkpatrick, "The Myth of Moral Equivalence", *Imprimis,* janeiro de 1986, https://imprimis.hillsdale.edu/the-myth-of-moral-equivalence/.

27. Donald J. Trump e David Shiflett, *The America We Deserve* (Nova York: St. Martin's Press, 2000).

28. James Atlas, "The Counter Counterculture", *New York Times Magazine,* 12 de fevereiro de 1995, https://www.nytimes.com/1995/02/12/magazine/the-counter-counterculture.html.

29. David Brock, "Confessions of a Right-Wing Hit Man", *Esquire,* 1º de julho de 1997, https://classic.esquire.com/confessions-of-a-right-wing-hit-man/.

30. "Why I Can't Vote for John McCain", Anne Applebaum, *Slate,* 27 de outubro de 2008.

31. Sam Tanenhaus, "On the Front Lines of the GOP's Civil War", *Esquire,* 20 de dezembro de 2017, https://www.esquire.com/news-politics/a14428464/gop-never-trump/.

32. Julien Benda, *The Treason of the Intellectuals,* tradução de Richard Aldington (Londres: Taylor & Francis, 2017). [Ed. bras.: *A traição dos intelectuais.* São Paulo: Peixoto Neto, 2007.]

33. Roger Kimball, "The Treason of the Intellectuals & 'The Undoing of Thought'", *New Criterion,* dezembro de 1992, https://newcriterion.com/issues/1992/12/the-treason-of-the-intellectuals-ldquothe-undoing-of-thoughtrdquo.

34. Roger Kimball, *American Greatness,* 2 de novembro de 2019.

35. Anne Applebaum, *The Laura Ingraham Show,* 19 de agosto de 2008, http://www.lauraingraham.com/b/Anne-Applebaum-on-the-return-of-the-Soviet--Union./5995.html.

166   O CREPÚSCULO DA DEMOCRACIA

36. Laura Ingraham, entrevista com Patrick J. Buchanan, *The Laura Ingraham Show,* 28 de março de 2019, https://www.mediamatters.org/laura-ingraham/laura-ingraham-says-immigration-pushing-western-civilization-toward-tipping-over.

39. Laura Ingraham, "The Left's Effort to Remake America", Fox News, 8 de agosto de 2018, https://www.youtube.com/watch?v=llhFZOw6Sss.

40. Joseph diGenova, *The Laura Ingraham Podcast,* 22 de fevereiro de 2019.

41. Rafael Bardaji, citado em Anne Applebaum, "Want to Build a Far-Right Movement? Spain's VOX Party Shows How", *Washington Post,* 2 de maio de 2019, https://www.washingtonpost.com/graphics/2019/opinions/spains-far-right-vox-party-shot-from-social-media-into-parliament-overnight-how/.

42. Laura Ingraham, Fox News, 25 de fevereiro de 2020, https://twitter.com/MattGertz/status/1233026012201603079?s=20.

43. Michael M. Grynbaum, "Fox News Stars Trumpeted a Malaria Drug, Until They Didn't", *New York Times,* 22 de abril de 2020.

44. Laura Ingraham, postagem do Twitter, https://twitter.com/IngrahamAngle/status/1251219755249405959?s=20.

45. Laura Ingraham, "Laura Ingraham on Faith", discurso em Dallas, Texas, 29 de setembro de 2007, https://www.youtube.com/watch?v=72KwI._abkOA.

46. Laura Ingraham, entrevista com Donald Trump, Fox News, 6 de junho de 2019, https://www.youtube.com/watch?v=QyQCcgXkANo.

47. Jacek Trzynadel, *Hańba Domowa* (Paris: Instytut Literacki, 1986).

VI. O SEM-FIM DA HISTÓRIA

1. Émile Zola, *The Dreyfus Affair: "J'Accuse" and Other Writings,* edição de Alain Pagès, tradução de Eleanor Levieux (New Haven: Yale University Press, 1998).

2. Romain Rolland, citado em Tom Conner, *The Dreyfus Affair and the Rise of the French Public Intellectual* (Jefferson: McFarland & Co., 2014).

NOTAS 167

3. Ferdinand Brunetière, *After the Trial*, citado em Ruth Harris, *Dreyfus: Politics, Emotion, and the Scandal of the Century* (Nova York: Picador USA, 2010).

4. Zola, *Dreyfus Affair*.

5. Marcel Proust, *Remembrance of Things Past*, tradução de C. K. Scott Moncrieff (Londres: Penguin Classics, 2016). [Ed. bras.: *Em busca do tempo perdido*. Rio de Janeiro: Nova Fronteira, 2016.]

6. Citado em Geert Mak, *In Europe: Travels Through the Twentieth Century* (Londres: Penguin Books, 2004), p. 10.

7. Conner, *Dreyfus Affair*.

8. Ignazio Silone, "The Choice of Comrades", *Dissent*, inverno de 1955, https://www.dissentmagazine.org/wp-content/files_mf/1438718063spring74silone.pdf.

Este livro foi composto na tipografia Adobe
Garamond Pro, em corpo 12/16, e impresso em
papel off-white no Sistema Cameron da
Divisão Gráfica da Distribuidora Record.